Beratung im Fokus

Reihe herausgegeben von
Josef Herget, Research & Solutions
Excellence Institute
Wien, Österreich

Robert Bodenstein, Infomanagement
Unternehmensberatung
Wien, Österreich

Die Reihe Beratung im Fokus adressiert aktuelle Themen aus dem Umfeld der Beratung. Inhaltlich wird ein weiter Bogen gespannt: Es werden neue Branchenentwicklungen thematisiert, aktuelle Trends aufgegriffen, innovative Methoden vorgestellt und neue Themenschwerpunkte reflektiert. Die Themen weisen eine hohe Relevanz für die Profession der Unternehmensberater, Coaches und Trainer auf. Neben den Beratern selbst gewinnen ebenso die Nutzer von Beratungsleistungen einen Einblick in die Arbeitsweise und aktuelle Herausforderungen der Beratungsbranche. Die Reihe hat den Anspruch praxisrelevant, umsetzungsorientiert und innovativ in der Auswahl und Aufbereitung der Reihentitel zu sein.

Robert Bodenstein • Josef Herget

Consulting Governance

Strukturen, Prozesse und Regeln für
erfolgreiche Beratungsprojekte

Robert Bodenstein
Infomanagement Unternehmensberatung
Wien, Österreich

Josef Herget
Excellence Institute – Research & Solutions
Wien, Österreich

ISSN 2731-4952 ISSN 2731-4960 (electronic)
Beratung im Fokus
ISBN 978-3-662-65298-5 ISBN 978-3-662-65299-2 (eBook)
https://doi.org/10.1007/978-3-662-65299-2

Die Deutsche Nationalbibliothek verzeichnet diese Publikation in der Deutschen Nationalbibliografie;
detaillierte bibliografische Daten sind im Internet über http://dnb.d-nb.de abrufbar.

Planung/Lektorat: Christine Sheppard
Springer Gabler ist ein Imprint der eingetragenen Gesellschaft Springer-Verlag GmbH, DE und ist ein
Teil von Springer Nature.
Die Anschrift der Gesellschaft ist: Heidelberger Platz 3, 14197 Berlin, Germany

Vorwort

Wir wollen Sie dabei unterstützen, Projekte im Consulting, Coaching oder Training erfolgreich durchzuführen. Und das gilt sowohl für das beauftragende Unternehmen als auch für den Berater als Anbieter einer Expertise. Grundlagen für eine erfolgreiche Beratung zu liefern ist der Zweck dieses Buches.

Sie sind Anbieter von Dienstleistungen in der Unternehmensberatung?
Dann erfahren Sie hier, wie Sie die Voraussetzungen und Grundlagen für erfolgreiche Projekte anlegen und mit welchen geeigneten Maßnahmen Sie den Beratungsprozess begleiten können. Ebenso adressieren wir, wie Sie Projekte erfolgreich abschließen sollten, damit beide Seiten möglichst hohen und nachhaltigen Nutzen aus dem Projekt ziehen können.

Sie sind Nachfrager von Unternehmensberatungsdiensten?
Auch für Sie bieten wir wertvolle Hinweise, die es Ihnen ermöglichen werden, aus der Zusammenarbeit mit einem Berater einen möglichst hohen Nutzen zu ziehen. Wir zeigen auf, welche Vorbereitungen und Maßnahmen vor, während und nach einem Projekt die Ergebnisse aus dem Projekt sichern können.

Dabei orientieren wir uns an aktuellsten internationalen Entwicklungen, wie sie von der Beratungsdachorganisation *International*

Council of Management Consulting Institutes (ICMCI) vorgeschlagen werden.

Nun noch kurz vorwegnehmend zur Frage, was wir eigentlich unter **Consulting Governance** verstehen. Unter diesem Terminus verstehen wir **alle Maßnahmen, die vor, während und nach einem Beratungsprojekt getroffen werden, um allen am Beratungsprozess beteiligten Partnern eine möglichst hohe und nachhaltige Erreichung der Projektziele zu ermöglichen.**

Eine gute Consulting Governance trägt signifikant zu einem umfassenden Projekterfolg bei. Dabei wird die Consulting Governance nicht nur auf Beratungsprozesse im engeren Sinn eingeschränkt. Sie umfasst sämtliche beratende Tätigkeiten, bei denen das Zusammenwirken der beteiligten Partner notwendig ist, um eine für beide Seiten möglichst hohe Kongruenz zwischen Projektzielen und dem erreichten Projektergebnis zu sichern.

Für wen ist dieses Buch geschrieben?
Das Buch richtet sich einerseits zunächst nicht nur an klassische Consultants, sondern auch an Coaches, Trainer, Moderatoren, Mediatoren oder sonstige Dienstleister. Zum anderen sprechen wir aber unmittelbar alle Führungskräfte und Projektleiter an, die für die Durchführung von Beratungsprojekten in Unternehmen und sonstigen Organisationen verantwortlich sind.

Mit dem hier aufbereiteten Gerüst verfügen alle über den geeigneten Rahmen und die notwendigen Instrumente, damit die Zusammenarbeit die angestrebten Projektziele in einer möglichst reibungslosen Art und Weise erreichen kann.

Für welche Projekte eignet sich eine Consulting Governance?
Uns ist eine hohe Skalierung der Consulting Governance wichtig. Das bedeutet zum einen, dass das erarbeitete Konzept sowohl für kleine Projekte als auch für größere Projekte geeignet sein soll. Wir adressieren also von Ein-Personen-Unternehmen bis zu großen Beratungsgesellschaften das gesamte Spektrum der Beratungsbranche. Dies betrifft aber nicht nur die Größe des Beratungsunternehmens, sondern auch den Umfang der

Projekte: Von einem Personentag bis zu Projekten mit mehreren Personenjahren lassen sich mit unserem Konzept unterstützen. Die Lösung liegt in der oben bereits angesprochenen Skalierbarkeit der Consulting Governance. Einerseits bieten wir ein umfassendes Konzept, das sich für große und komplexe Projekte eignet, andererseits stellen wir auch ein Lean-Consulting-Governance-Konzept vor, das als Mindestempfehlung gelten kann und sich bestens auch für kleinste Projekte eignet. Die Kunst liegt nun darin, in dem vorgeschlagenen Kontinuum von einfach bis komplex den jeweils passenden Rahmen zu bestimmen und die als wichtig angesehenen Einzelelemente auszuwählen und in ein passendes und adäquates Konzept der individuellen Consulting Governance zu integrieren.

Das hier Gesagte gilt natürlich analog auch für die Kunden: Je nach Projektkomplexität wird der als wichtig erscheinende Rahmen gewählt und situativ zusammengestellt.

Wir hoffen ein Buch liefern zu können, das vor allem einen hohen unmittelbar praktischen Nutzen bietet. Gleichzeitig soll die notwendige wissenschaftliche Fundierung der Aussagen nicht zu kurz kommen. Die Kombination unserer beiden Kompetenzen möge das richtige Fundament liefern. Robert Bodenstein als Chair des ICMCI bestens international vernetzt mit jahrzehntelanger praktischer Erfahrung und Josef Herget, als Academic Fellow des ICMCI, der auf eine Kombination einer ebenso jahrzehntelangen internationalen Beratungserfahrung mit einer umfassenden wissenschaftlichen Expertise und Forschungserfahrung in den verschiedensten Feldern der Management- und Businessexzellenz an mehreren europäischen und internationalen Universitäten bauen kann.

Mögen Sie diesem Buch viele Inspirationen und praktischen Nutzen für Ihre Tätigkeit entlocken können. Weiterführende aktuelle Informationen zum Thema und zu den beiden Autoren finden Sie auf www.beratung-im-fokus.com

Wien, Österreich   Robert Bodenstein
Winter 2022   Josef Herget

Inhaltsverzeichnis

**1 Consulting Governance als Gestaltungsraum –
Voraussetzungen und Perspektiven**   1

1.1   Von der Corporate Governance zur Consulting
Governance   3

1.2   Was verstehen wir unter Consulting Governance?   6

1.3   Warum Consulting Governance die Antwort auf eine
viel zu selten gestellte Frage ist   8

    1.3.1   Warum scheitern Beratungsprojekte?   9

    1.3.2   Voraussetzungen erfolgreicher Zusammenarbeit   12

1.4   Internationale Entwicklungen – Der Weg zur
Consulting Governance   13

1.5   Exzellenz der Unternehmensberatung und Consulting
Governance   15

    1.5.1   Kontexte und Perspektiven der
Unternehmensberatung   16

    1.5.2   Integriertes Modell der Unternehmensberatung   20

1.6   Zielsetzung in Beratungsprojekten   21

1.7   Komplexität in Projekten und Regelungsbedarf   22

1.8   Das Konzept der Consulting Governance   25

1.9   Key Points   26

Literatur   27

2   Governance by Design: Prozesse und Strukturen   29
  2.1   Phasen in Beratungsprojekten   30
    2.1.1   Konzeption   31
    2.1.2   Vertragsgestaltung   32
    2.1.3   Durchführung   33
    2.1.4   Abschluss   34
  2.2   Prozesse bei Beratungsprojekten   34
    2.2.1   Zuständigkeiten und Verantwortungen für die Prozesse   36
    2.2.2   Bezüge zur Consulting Governance   36
  2.3   Strukturen innerhalb der Consulting Governance   38
    2.3.1   Strukturen beim Kunden   39
    2.3.2   Strukturen beim Berater   43
    2.3.3   Gemeinsame Strukturen   44
  2.4   Good Practice   44
  2.5   Key Points   46
  Literatur   47

3   Governance by Design: Elemente und Prozesse   49
  3.1   Elemente der Consulting Governance   50
    3.1.1   Regulatorischer Rahmen   51
    3.1.2   Entscheidungsträger, Umsetzer und Betroffene   54
    3.1.3   Gemeinsame Ziele – gemeinsame Werte   56
    3.1.4   Projektführung   59
    3.1.5   Fähigkeiten, Kompetenzen und Wissen: die entscheidenden Ressourcen   62
    3.1.6   Kommunikation findet statt. Immer   64
    3.1.7   Verarbeitung von Daten erfordert Verantwortung   65
    3.1.8   Eigentum ist oft nicht greifbar   69
    3.1.9   Gesellschaftliche Verantwortung in Beratungsprojekten   70
    3.1.10   Gesundheit und Sicherheit als Teil der Consulting Governance   77
    3.1.11   Fehler verboten   80

    3.1.12 Beratung wirkt – garantiert   80
3.2 Bezug zur Corporate Governance   83
3.3 Key Points   85
Literatur   86

4   **Consulting by Design: Das Framework**   87
4.1 Commitment sicherstellen   89
4.2 Eine Roadmap zur Consulting Governance   89
4.3 Ein Referenzmodell   92
4.4 Umfassende Consulting Governance   93
4.5 Lean Consulting Governance   94
4.6 Key Points   95
Literatur   96

5   **Fallstudien – Beispielhaftes Vorgehen**   97
5.1 Fallstudie 1: Umfassende Consulting Governance   99
      5.1.1 Der Auftraggeber   99
      5.1.2 Das Projekt   99
      5.1.3 Beispielhafte konkrete Behandlung der Elemente
              der Consulting Governance   100
5.2 Fallstudie 2: Lean Consulting Governance   113
      5.2.1 Der Auftraggeber   113
      5.2.2 Das Projekt   113
      5.2.3 Beispielhafte konkrete Behandlung der Elemente
              der Consulting Governance   114
5.3 Key Points   125

6   **Chancen und Risiken der Consulting Governance**   127
6.1 Consulting Governance verbessert den Beratungserfolg   128
6.2 Consulting Governance schafft Vertrauen und
      Verbindlichkeit   129
6.3 Consulting Governance als Qualifizierungs- und
      Professionalisierungsinstrument   131

6.4   Gefahren der Bürokratisierung durch Consulting
         Governance vermeiden   132
6.5   Key Points   135
Literatur   136

7   **Zukunftsperspektiven – Consulting Governance bleibt im
       Fokus**   137
7.1   Die Norm ISO 20700 steht für gute Beratungspraxis   138
7.2   Consulting Governance als Best Practice   139
7.3   Zukünftige Aktivitäten werden zur Popularisierung der
         Consulting Governance beitragen   141
7.4   Das Potenzial der Consulting Governance   142
7.5   Key Points   144
Literatur   145

8   **Das sollten Sie mitnehmen – eine Agenda zur
       Implementierung**   147
8.1   Consulting Governance für Berater   148
8.2   Consulting Governance für Kunden   149
8.3   Consulting Governance für das gemeinsame Projekt   150
8.4   In 10 Schritten zur eigenen Consulting Governance   151
8.5   Key Points   155

1

Consulting Governance als Gestaltungsraum – Voraussetzungen und Perspektiven

Zusammenfassung Der Erfolg von Beratungsprojekten hat viele Ursachen und Gründe, monokausale Erklärungsmodelle greifen daher stets zu kurz. Einem Faktor kommt jedoch eine besondere Bedeutung zu: der systematische und geregelte Ablauf sowie die dazugehörige Projektstruktur, kurz: die Consulting Governance. Consulting Governance stellt ein Regelwerk dar, das erfolgreiche Beratungsprozesse zu gewährleisten hilft. Zunächst wird das notwendige Begriffsverständnis gelegt, die Wichtigkeit und Notwendigkeit des Themas werden begründet und ausgeführt. Einen zentralen Ausgangspunkt der Diskussion bieten die Probleme, die in Beratungsprojekten auftreten können. Diese verdeutlichen den möglichen Lösungsbeitrag der Consulting Governance. Danach werden die Grundlagen erfolgreicher Zusammenarbeit in temporär begrenzten Projekten diskutiert. Die Skizzierung internationaler Entwicklungen und Rahmenbedingungen schließt sich an. Die dem Konzept zugrundeliegende systemische Betrachtungsweise wird eingeführt und die drei Perspektiven des Beratungssystems, des Kundensystems und des Systems des Beratungsprozesses selbst werden herausgearbeitet. Diese bilden das Fundament des Regelwerks, das auch als Philosophie und Geist der Corporate Governance bezeichnet werden kann. Schließlich wird

© Der/die Autor(en), exklusiv lizenziert an Springer-Verlag GmbH, DE, ein Teil von Springer Nature 2022
R. Bodenstein, J. Herget, *Consulting Governance*, Beratung im Fokus,
https://doi.org/10.1007/978-3-662-65299-2_1

eine Struktur vorgestellt, die die Inhalte und den Aufbau dieses Regelwerks veranschaulicht und zugleich organisiert. Diese Betrachtungen zur
Systematik runden dieses Kapitel ab.

Corporate Governance ist spätestens seit der Jahrtausendwende ein schil-
lernder Begriff, der Eingang in die allgemeine Managementpraxis ge-
funden hat. Der Begriff Corporate Governance umfasst dabei einen
rechtlichen und faktischen Ordnungsrahmen für die Leitung und Über-
wachung von Unternehmen.[1] Damit wird ein Regelungsbereich definiert, der „Grundsätze einer Unternehmensführung" aufstellt, die allen
Stakeholdern verpflichtet sind. Die Sinnhaftigkeit ergibt sich aus der Un-
zulänglichkeit umfassender vertraglicher Regelungen: Zukünftige dyna-
mische Entwicklungen lassen sich nicht alle vorab regeln. Es existieren
daher neben expliziten Verträgen zahlreiche implizite Verträge zu einer
Vielzahl von emergenten Sachverhalten. All diese Arrangements, ob nun
schriftlich fixiert, in Strukturen festgehalten oder mangels einer Anti-
zipation gar nicht reguliert, orientieren sich an den formulierten allgemeinen Grundsätzen, die sich allen Stakeholdern verpflichtet fühlen.
Im Fokus liegt ein gemeinsames Verständnis von einem Regel- und
Steuersystem zum Abgleich von Zielbildungs-, Entscheidungs- und
Kontrollprozessen. Die Diskussion ist vor allem aufgrund zahlreicher
Skandale in der Wirtschaftspraxis entstanden, bei denen ganze Unternehmen als Folge einer nicht vorhandenen (besser: nicht praktizierten)
Corporate Governance vom Markt verschwunden sind. Die bekanntes-
ten damals etwa waren Enron und Worldcom, aber auch das noch aktuelle Beispiel von Wirecard zeigen auf, wie durch ein Versagen der beteiligten Management- und Aufsichtsorgane großer Schaden für viele
Stakeholder entstanden ist. Im Kern geht es bei Corporate Governance
um ein System gegenseitiger Checks und Balances, das eine effektive und
transparente Realisierung von Unternehmensaktivitäten gewährleisten
soll, bei denen im Sinne aller beteiligten Stakeholder mit ihren be-
rechtigten Ansprüchen gehandelt wird. Dabei sollte Corporate Governance nicht als reines Kontrollsystem missverstanden werden. Es geht

---

[1] Vergleiche hierzu etwa die Ausführungen im Gablers Wirtschaftslexikon (2018) .

vielmehr um einen systemischen Ansatz, alle Faktoren einer Organisation in ein konzeptionelles Regelwerk einzubinden. Dadurch sollen für alle Beteiligten Prozesse und Strukturen transparent gemacht werden. Die zentralen Leitplanken und Ziele der Corporate Governance liegen in der Schaffung von Transparenz, Unabhängigkeit, Objektivität und Wirtschaftlichkeit des unternehmerischen Handelns. Diesen Ansatz übertragen wir im Folgenden auf das Gebiet der Beratung.

1.1 Von der Corporate Governance zur Consulting Governance

Gleich zu Beginn gilt es, ein weit verbreitetes Missverständnis auszuräumen: Bei der Corporate Governance geht es nicht darum, welche konkreten Entscheidungen das Management für die operative Führung eines Unternehmens trifft. Es geht vielmehr darum, aufgrund welcher Grundsätze solche Entscheidungen getroffen werden.

> Die Corporate Governance kann als das System bezeichnet werden, wie Unternehmen geführt und kontrolliert werden.

Es umfasst also Regeln, Prinzipien, Verfahren und Strukturen, wie ein Unternehmen geführt wird. Diese setzen eine empfehlende oder gar verpflichtende Orientierung für alle Mitarbeiter in einem Unternehmen. Die Grundlage sind folglich Regularien, die die einzelnen Aktivitäten und Beziehungen der Instanzen und Gremien untereinander und zu den Stakeholdern organisieren. Dabei orientiert man sich an verbindlichen Standards, Normen und gesetzlichen Regelungen. Aber es sind auch selbst gesetzte Ziele, denen man sich verpflichtet fühlt, etwa klimafreundliches Wirtschaften, Vermeidung von ausbeuterischen Arbeitsbeziehungen auch bei den Zulieferketten oder auch das Unternehmen übervorteilenden Regelungen (etwa Kick-backs, Bonusregelungen, versteckte Provisionen, Vorteilsannahme etc.). Ebenso setzt sie einen ethischen und moralischen Kompass an das Verhalten aller Organisationsmitglieder.

Die Einhaltung der rechtlichen und selbstgesetzten Vorgaben wird dabei als Compliance bezeichnet.[2]

Die Interessen des Gesamtunternehmens und ihrer jeweiligen Stakeholder, also etwa der Kapitalgeber, der Öffentlichkeit, aber auch der Mitarbeiter, sind als eine Einheit zu betrachten. Nicht die Dominanz der Interessenwahrnehmung einer Gruppe (oder gar Einzelpersonen) ist entscheidend, sondern das Gesamtwohl aller beteiligten Interessengruppen. Die Corporate Governance umfasst zudem Regelungen, wie mit Risiken umzugehen ist. Wie sind diese zu adressieren, zu bewerten und welche Vorkehrungen im Falle des Auftretens zu veranlassen sind.

Das Ziel der Corporate Governance liegt in einer hohen Transparenz und damit einhergehenden Akzeptanz des Wirtschaftens des Unternehmens bei den unterschiedlichen Stakeholdergruppen. Diese sichert vor allem das Vertrauen in das Unternehmen, die Motivation und das Engagement der Mitarbeiter und anderer Beteiligten bleiben aufrecht, die Interessen aller Betroffenen werden berücksichtigt. Vermieden werden etwa „hidden agendas", Absprachen in Hinterzimmern oder individuelle Vorteilsregelungen zulasten des Gesamtunternehmens. Dass eine einmal vereinbarte Corporate Governance nicht automatisch von allen eingehalten wird – das lässt sich fast jeden Tag auf den Wirtschaftsseiten von Tageszeitungen verfolgen. Korruption ist nur ein anderes Stichwort für eine fehlende oder nicht gelebte Corporate Governance.

Wodurch zeichnet sich nun eine „Good Governance" aus? Wir haben bereits einige Stichworte geliefert, die hier ergänzt und pointiert werden:

- **Rechenschaft** gegenüber den unterschiedlichen Stakeholdern ablegen: Begründungen für das eigene Handeln liefern.
- **Transparenz** schaffen durch Offenheit und Informationsweitergabe: Das ermöglicht Vertrauen in Entscheidungsprozesse und -praktiken.
- **Konsens** mit den Stakeholdern: Einverständnis erzielen durch Beteiligung und Konsultation, das Verstehen der unterschiedlichen Bedürfnisse, Interessen und Anforderungen signalisieren.

---

[2] Dazu gibt es eine umfangreiche Literatur, siehe stellvertretend Bay & Hastenrath (2021).

- **Faires Management**: keine (versteckten) eigenen Interessen verfolgen.
- **Objektivität und Unabhängigkeit** als leitende Prinzipien des verantwortlichen Handelns.
- **Wirtschaftlichkeit** und verantwortlicher Umgang mit den Ressourcen des Unternehmens.
- **Ansprechbarkeit und Reaktionsgeschwindigkeit**: Anfragen werden beantwortet und Klärungen herbeigeführt.
- **Integrität, Ethik** und propagierte Moralvorstellungen werden gewahrt: Compliance mit Regularien und Gesetzen wird transparent gemacht.

Übertragen wir nun die Corporate Governance auf das Gebiet des Consultings, zeigen sich viele Parallelen, die auf Beratungsprojekte ebenso zutreffen und das Entwickeln einer eigenen Consulting Governance rechtfertigen und sogar angeraten erscheinen lassen.

Das Beratungsprojekt ist vor allem dadurch charakterisiert, dass ein externer Partner (Berater) eine prominente Rolle in der Ausgestaltung und Funktionsweise des Geschäftsmodells oder von Teilen davon wahrnimmt. In der Consulting Governance muss also die Einheit von beteiligten internen Unternehmensteilen und des externen Partners betrachtet werden. Ebenso ist das Projekt nur temporär ausgelegt, das Ergebnis verbleibt aber beim Unternehmen, wenn es implementiert wird.

In der Abb. 1.1 übertragen wir generelle Prinzipien der Good Corporate Governance als Anspruch für die Consulting Governance.

Wie wir sehen, sind die ausgewählten Perspektiven auch für die Entwicklung einer Consulting Governance hoch relevant und sie können die Akzeptanz eines Beratungsprojekts in der Kundenorganisation wesentlich unterstützen.

In jedem Fall bildet eine existierende Corporate Governance den Rahmen für eine zu entwickelnde Consulting Governance. Einige der Regelungen lassen sich unmittelbar adaptieren, andere werden jedoch hinzukommen, um die Spezifika von Beratungsprojekten adäquat berücksichtigen zu können.

Perspektive	Corporate Governance	Consulting Governance
Fokus	interne und externe Stakeholder	interne Stakeholder, weitere betroffene Unternehmensbereiche und Mitarbeiter; externe Berater
Rechenschaft	vor allem externe Stakeholder	Nachvollziehbarkeit des Vorgehens und der Ergebnisse für die internen Stakeholder
Transparenz	Vertrauen in Institutionen/ Gremien	Vertrauen in das Management des Projektes und die Gremien schaffen, Erzielung von Akzeptanz des Ergebnisses
Konsens	mit den Stakeholdern	Betroffene Unternehmensteile und Mitarbeiter beteiligen, Interessen berücksichtigen
Faires Management	Interessen gegenüber allen Stakeholdern offenbaren	Keine Bevorzugung des primär beteiligten Unternehmens- bereichs, Interessen offen legen
Objektivität und Unabhängigkeit	leitendes Prinzip des Handelns	Vertrauen in die Objektivität und Unabhängigkeit der Berater, keine „hidden agenda" der Projektbeteiligten (intern und extern)
Wirtschaftlichkeit	Verantwortlicher Umgang mit Ressourcen	Return on Consulting im Blick behalten, Kosten-Nutzen- Analysen
Ansprechbarkeit und Reaktionsgeschwindigkeit	Begründungsbereitschaft gegenüber anderen Organen und Stakeholdern	Bereitschaft, Entscheidungsprozesse, z.B. Milestone- Entscheidungen zu begründen gegenüber anderen Unternehmensteilen
Integrität und Ethik	Einhaltung von Standards und eigenen Compliance-Bestimmungen	Einhaltung vereinbarter Projektrichtlinien, Vertraulichkeit, Geheimhaltung des Beraters, „Cultural Fit"

Abb. 1.1 Von der Corporate Governance zur Consulting Governance

1.2 Was verstehen wir unter Consulting Governance?

Die oben skizzierten Grundgedanken werden hier nun unmittelbar auf das Gebiet des Consultings übertragen. Erste Ansätze zur Diskussion und Vorschläge zur Ausgestaltung der Consulting Governance gibt es seit dem Beginn des neuen Jahrtausends.[3] Auch hier geht es um Bedingungen, unter denen ein temporäres Projekt möglichst effektiv und effizient reali- siert werden kann. Dabei soll eine hohe Qualität und Nachhaltigkeit des Projektergebnisses erzielt werden. Die Einbeziehung eines externen Part- ners in die Entwicklung einer neuen organisatorischen Lösung schafft eine zusätzliche horizontale Ebene, die in der Regel zu komplexeren Kol- laborationsprozessen führen kann. Eine gute Consulting Governance

---

[3] Hier sind insbesondere zu nennen der Herausgeberband von Treichler, Wiemann und Morawetz (2004) mit dem Thema Corporate Governance und Managementberatung, die das Thema aus ver- schiedenen Perspektiven sehr umfassend behandeln. Das Buch von Knöpfel (2004) adressiert das Thema sehr konkret und er gibt zahlreiche punktuelle Hinweise, wie die konkrete Ausgestaltung der Consulting Governance vorgenommen werden kann.

kann dabei helfen, das Beratungsprojekt in der Organisation gut zu verankern und die Ergebnisse durch eine hohe Transparenz und Berücksichtigung unterschiedlicher Interessen zu einer hohen Akzeptanz zu führen. Zudem trifft sie Vorkehrungen, wie mit Risiken im Projekt umzugehen ist und liefert damit einen Beitrag zur konsensualen Lösungsfindung.

Consulting Governance

Unter Consulting Governance verstehen wir alle Regeln, Verfahren und Strukturen, die vor, während und nach einem Beratungsprojekt getroffen werden, um allen am Beratungsprozess beteiligten Partnern eine hohe und nachhaltige Erreichung der Projektziele zu ermöglichen.

Bei der Operationalisierung der konkreten Bedeutungsinhalte im Rahmen von Beratungsprozessen erscheint es sinnvoll, eine systemische Perspektive zu verwenden. Der Begriff Consulting Governance umfasst dabei drei Systeme, die unmittelbar zu berücksichtigen sind:

1. das System Beratungsunternehmen (Berater),
2. das System Kundenunternehmen (Kunde) und
3. der Beratungsprozess als Summe der Interaktionen im Rahmen der Beratung zwischen Berater und dem Kunden (Beratungsprozess).

Diese Perspektive könnte noch um das Umsystem (also etwa das rechtliche, technologische, sozio-ökonomische, professionelle und ähnliches) ergänzt werden, welches die Rahmenbedingungen umschreibt, innerhalb deren die Beratung stattfindet. Diese Sicht integrieren wir in die obigen 3 Systeme, um die Komplexität nicht übermäßig zu strapazieren. Das lässt sich durchaus ohne einen Verlust an Aussagekraft bewerkstelligen; denn das, was sich unmittelbar auf ein Teilsystem auswirkt, wird direkt dort berücksichtigt. Eine vertiefte Darstellung zu diesen Objektbereichen findet sich in Abschn. 1.5. Die Abb. 1.2. stellt die Systeme und deren Ineinandergreifen dar.

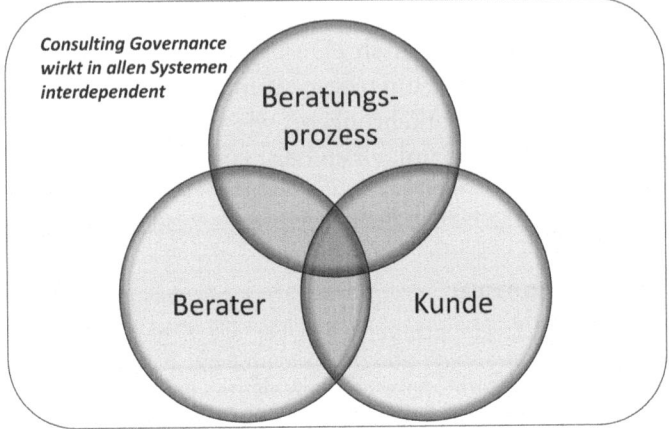

Abb. 1.2 Consulting Governance in Systemsicht

1.3 Warum Consulting Governance die Antwort auf eine viel zu selten gestellte Frage ist

Warum kommt der Consulting Governance aus unserer Sicht eigentlich eine so große Bedeutung zu? Wird da nicht eine Chimäre aufgebaut, die eigentlich in der Praxis gar nicht benötigt wird? Die Antwort darauf lässt sich allerdings in der Praxis gut begründen. Zwar finden sich in der Literatur viele empirische Aussagen, nach denen der Beratungserfolg hoch eingeschätzt wird. So attestieren in einer Studie der Wirtschaftsuniversität Wien (2012) gut 80 % der Kunden von Unternehmensberatungen der erfolgten Beratung eine positive Wirkung im Sinne einer Steigerung der Leistungsfähigkeit der Organisation. Diese Studie befragte große Unternehmen mit einer hohen Beratungserfahrung. Befragt man Unternehmensberater selbst,[4] dann veranschlagen – wenig überraschend - diese den Beratungserfolg sogar noch höher: 84 % aller Projekte würden demnach die Projektziele des Kunden zumindest in einem großen Ausmaß erfüllen. Allerdings kann gleichzeitig festgehalten werden, dass systematische Evaluationen zum Beratungserfolg eher vernachlässigt werden, inso-

---

[4] Siehe hierzu etwa Kreutzer & Menz (2012).

fern sind viele dieser Bewertungen eher als oberflächlich qualifizierender Natur zu werten. 75 % der Unternehmensberater erwarten jedoch für die Zukunft, dass die Kunden formale Projektevaluationen durchführen werden. Aber es gibt noch eine andere Seite.

1.3.1 Warum scheitern Beratungsprojekte?

So kommt eine Studie des Schweizer Meta-Consultants Cardea (u. a. Anbieter einer Vermittlungsplattform für Beratungsdienste) 2010[5] zum Ergebnis, dass 28 % der Beratungsprojekte scheiterten, 4 % wurden gar vorzeitig abgebrochen. Das ergibt nun ein weniger schmeichelhaftes Bild. Diese Ergebnisse decken sich übrigens zum großen Teil mit anderen Studien, die das Scheitern von Unternehmensberatungen untersuchten. Die Spanne der gescheiterten Projekte wird zwischen 25–50 %, vereinzelt gar bis zu 80 % veranschlagt.[6]

Betrachten wir die Ergebnisse der Cardea-Studie, bei der 106 Führungskräfte befragt wurden, etwas näher. So lassen sich die Statements der Befragten zu spezifischen Gründen des Scheiterns in Beratungsprojekten zu folgenden Aussagen verdichten, wie in Abb. 1.3 wiedergegeben.

In den Ergebnissen dieser Studie wird etwas überaus deutlich: Das Scheitern von Beratungsprojekten ist fast immer von beiden Partnern zu verantworten. Eine einseitige Schuldzuweisung dürfte eher die Ausnahme sein. Fast alle der oberen Punkte lassen sich als gemeinsame Verantwortung beider Seiten lesen, denn für eine Klarheit und die Schaffung guter Voraussetzungen für das Gelingen von Projekten tragen beide die Verantwortung. Eine Beratungsleistung stellt immer eine Co-Produktion dar.

> Am Scheitern von Beratungsprojekten sind in der Regel beide Partner gleichzeitig beteiligt.

---

[5] Diese Studie wird im Magazin CIO (2010) referiert. Diese Ergebnisse bestätigen sich auch in den Folgejahren.

[6] Vergleiche hier die Zusammenstellung verschiedener Studien zum Scheitern von Projekten bei Birkner (2013).

Die 10 meistgenannten Probleme in Beratungsprojekten

Projektziele ändern sich	90,6 %
Fehlende Qualifikation der eingesetzten Berater	89,5 %
Fehlende Unterstützung des Top-Managements	88,7 %
Unklare Absichten und Erwartungen	88,7 %
Unklare Projektziele	88,7 %
Unklare Projektorganisation	88,5 %
Undefinierte Aufgaben der eingesetzten Berater	84,9 %
Fehlende Koordination von Teilprojekten	82,9 %
Fehlende Einbindung wichtiger Meinungsführer und Experten	82,1 %
Fehlende Akzeptanz des Vorhabens	81,0 %

Abb. 1.3 Desiderate in Beratungsprojekten, die zum Scheitern führen. (Quelle: Cardea nach CIO, 2010)

Eine Faktor- und Regressionsanalyse dieser Cardea-Studie (CIO, 2010) kristallisiert fünf Faktoren heraus, die 93 % des Erfolgs oder Misserfolgs eines Projekts erklären können:

- 21 % der Projekte scheitern demnach an unklaren Erwartungen des Auftraggebers,
- 19,4 % an schlechtem Projektmanagement,
- 18,3 % an mangelndem Commitment des Kunden,
- 17,3 % an Ungereimtheiten im Team und
- 16,9 % an schlechter Auswahl und Steuerung von Beratern.

Das oben kommentierte Bild bestätigt sich auch hier: Projekte scheitern weder nur am Berater oder am beauftragenden Unternehmen selbst. Auch der unzulängliche gemeinsame Beratungsprozess kann zu unbefriedigenden Ergebnissen führen. Die Defizite sind auf allen Seiten zu finden. Was kann also getan werden?

Wir müssen daher weiterfragen:

- Wie kann der Berater seine Beratungskompetenz besser auf den Kunden ausrichten?

- Wie kann der Kunde die Voraussetzungen schaffen, damit erfolgreiche Ergebnisse produziert werden können?
- Wie kann der gemeinsame Beratungsprozess gestaltet werden, damit möglichst optimale Ergebnisse erzielt werden?

Consulting Governance setzt genau hier an
Wir müssen Consulting Governance als einen umfassenden Rahmen begreifen, der bereits bei der Identifizierung des Beratungsbedarfs ansetzt, über die Auswahl der richtigen Berater bis zur Umsetzung der konkreten Projektarbeit Instrumente zur effektiven und effizierten Zusammenarbeit geht. So gesehen wird deutlich, dass all die genannten Probleme und Defizite durch eine Consulting Governance adressiert werden können.

Aber das Ziel der Consulting Governance liegt freilich nicht nur darin, Insuffizienzen in der Projektarbeit zu vermeiden. Sie schafft vielmehr die Grundlage, um innovative, nachhaltige und exzellente Projekte zu ermöglichen, die in vertrauensvoller Zusammenarbeit entstehen können.
Die Effekte einer guten Consulting Governance können nachdrücklich sein. Folgt man einigen Marketingaussagen von Cardea, dem bereits angesprochenen Anbieter von Vermittlungsdiensten (basierend auf Erfahrungswerten aus über 1700 vermittelten Beratungsprojekten), führt die Inanspruchnahme von professionellen Vermittlern zu:

- 40 % höherer Projekterfolgsquote,
- 30–60 %igen Einsparung von Beratungskosten durch optimiertes Matching,
- 50–70 % Reduzierung des Aufwands durch Outsourcing des Ausschreibungsprozesses.

All diese Verbesserungen lassen sich vor allem auf die professionelle Berücksichtigung von Faktoren der Consulting Governance zurückführen. Andere kuratierte Marktplätze zur Vermittlung von Beratungsprojekten berichten von ähnlichen Werten.[7] Es zeigt sich, dass durch bestimmte Anforderungen an die Qualität der Ausschreibung, die integrierten Algo-

---

[7] Siehe hierzu eine Auflistung der großen digitalen Beratungsmarktplätze in Herget (2022a).

rithmen zur Beraterauswahl und die regelmäßigen Projektevaluationen im laufenden Beratungsprojekt bereits die Erfolgs- und Zufriedenheitsraten signifikant gesteigert werden können. Die beschriebenen Prozesse in der Anbahnung und Durchführung von Beratungsprojekten umfassen bereits Elemente einer Consulting Governance, die somit unmittelbar zu besseren Ergebnissen führen.

Es lohnt sich also sowohl für Berater als auch Unternehmen, dem Konzept der Consulting Governance eine hohe Aufmerksamkeit und Priorität zuzumessen – es rechnet sich auch!

Wichtig

Erfolgreiche wie auch gescheiterte Projekte sind in der Regel von beiden Parteien zu verantworten. Die häufigsten Ursachen von mangelhaften Beratungsprojekten sind:

- Auftraggeber definieren ihre Ziele nicht klar und ändern diese im Projektverlauf.
- Intern wird nicht für eine umfassende Akzeptanz für das Projekt gesorgt, wichtige Multiplikatoren werden nicht berücksichtigt.
- Die Abstimmungen in Teilprojekten treffen auf eine unklare Projektorganisation und häufig undefinierte Projektstrukturen.
- Die Einbindung von Sponsoren scheint verbesserungswürdig, Absichten und Erwartungen sind nicht eindeutig.
- Die (zu) unklaren Projektaufgaben werden nicht mit qualifizierten Beratern besetzt.

Dies führt zur nächsten Frage: Was sind denn die Voraussetzungen für eine erfolgreiche Kollaboration in Beratungsprojekten? Auch hier skizzieren wir einige Voraussetzungen, die erfolgreiche Kollaborationen auszeichnen.

1.3.2 Voraussetzungen erfolgreicher Zusammenarbeit

Beratungsprojekte stellen für Unternehmen in der Regel einen Ausnahmefall dar, der eine Abkehr von der gewohnten Routine darstellt. Dazu sind noch unternehmensexterne Partner beteiligt, die sich nicht in der für sie neuen Unternehmenskultur mit ihren jeweiligen Erwartungen und herrschenden Normen ohne weiteres einfügen und bewegen können. In allen Projekten stellt sich also die Grundfrage nach Mustern erfolgreicher Zusammenarbeit und deren Rahmenbedingungen.

Prototypisch stellen wir vier solcher elementaren Grundlagen vor, deren Vorliegen zumindest angestrebt werden sollte:

1. **Wunsch nach Kooperation** von beiden Seiten. Leitend ist hier vor allem die Erwartung, dass durch die Zusammenarbeit ein Nutzen generiert wird, der sich aus **Synergien** ergeben kann. Auch die Freiwilligkeit der Zusammenarbeit ist ein fördernder Faktor, der oftmals aber durch den Druck des Marktes, des Managements oder bestimmter Stakeholdergruppen relativiert werden kann.
2. **Klare Erwartungshaltung** an Ziele, Inhalte und Vorgehen. Diese Erwartungshaltung sollte nach Möglichkeit schriftlich dokumentiert werden, damit der Interpretationsspielraum möglichst begrenzt wird und eine gemeinsame Verständigung erleichtert wird.
3. **Gemeinsame Festlegung** von Rollen, Aufgaben, Strukturen, Informations- und Kommunikationsrechten und -pflichten, Meilensteinen und Zwischenschritten, Bewertungskriterien, Mitwirkungs- und Entscheidungsprozeduren und Regelungen, wie mit Konflikten im Projekt umgegangen werden soll.
4. **Checks und Balances,** die eine hohe Transparenz, Objektivität und Unabhängigkeit im Projekt gewährleisten und damit Vertrauen für alle Betroffenen und Beteiligten weitestgehend ermöglichen.

> Beratungsprojekte erfordern eine konstruktive Zusammenarbeit. Diese wird getragen von gemeinsamen Absichten und Zielen.

1.4 Internationale Entwicklungen – Der Weg zur Consulting Governance

Governance im Allgemeinen, aber auch in der konkreten Umsetzung, ist keine neue Erfindung, sondern schreibt Regeln fest, die mehr oder weniger explizit bereits angewendet werden. Dadurch soll Freiraum für Innovationen und Weiterentwicklung gegeben werden. In der konkreten

Form der Consulting Governance beschreiben diese Regeln Strukturen und Prozesse im Rahmen der Abwicklung eines Beratungsprojekts.

Auch wenn die Inhalte von Unternehmen zu Unternehmen und von Projekt zu Projekt unterschiedlich sind, so sind die Themen immer die gleichen und unterscheiden sich auch nicht im internationalen Kontext. Die klare Definition des Projektzieles ist für alle Projekte, unabhängig von Nationalität oder von Projektgröße, ein wesentlicher Erfolgsfaktor. Das gleiche trifft etwa auch auf das Werteverständnis oder die Projektstruktur zu.

Diese Erkenntnis war einer der Auslöser zur Erstellung der internationalen ISO Norm 20700 „Management Consulting Services". Die Norm wurde 2017 veröffentlicht. Die wesentlichen Merkmale aus Kunden bzw. Beratersicht sind:

Kunde

1. Die Norm ISO 20700 dient dazu, die Dienstleistung der Unternehmensberatung transparent zu gestalten.
2. Die Norm ist auf alle Projekte, unabhängig von Projektumfanges oder Art des Beratungsprojekts, anwendbar.
3. In der Praxis sollen sowohl der Auswahlprozess als auch die laufende Evaluierung von Beratungsprozessen durch die Norm unterstützt werden.

Berater

1. Der Aufbau der Norm basiert auf der Beschreibung der drei Phasen des Beratungsprozesses sowie 12 Richtlinien.
2. Als nicht regulative Norm kommt ISO 20700 keine unmittelbare formale Bedeutung zu. Allerdings beschreibt sie den Stand der Technik und von Kunden, aber auch in gerichtlichen Auseinandersetzungen, kann eine Erfüllung der Leitlinien erwartet werden.
3. Die Norm kann von allen Unternehmen der Beratungsbranche, unabhängig von ihrer Größe oder den angebotenen Dienstleistungen, angewandt werden.

Für Beratungsunternehmen, die bereits jetzt den Stand der Technik erfüllen, ist durch die Orientierung an der Norm kein Mehraufwand zu erwarten (Bodenstein, 2022).

Schon der Umstand, dass die ISO Organisation als eine der ersten Normen zu Dienstleistungen jene für Dienstleistungen in der Unternehmensberatung veröffentlicht, zeigt die globale Bedeutung des Marktes und von einem gemeinsamen Verständnis zu Regeln. Wirtschaft ist nicht auf den reinen Austausch von Waren und Dienstleistungen zu reduzieren, sondern setzt immer mehr auch ein gemeinsames Verständnis von Werten, Systemen und Strukturen voraus. Diese Vereinheitlichung wird auf unterschiedlichen Ebenen vorangetrieben. Dazu zählen z. B. IT-Systeme, Finanzierungserfordernisse oder Eigentümerstrukturen. Die Erbringung von Dienstleistungen in der Unternehmensberatung kann nicht unabhängig von dieser Entwicklung gesehen werden. Darüber hinaus ermöglicht Unternehmensberatung diese Entwicklung erst und nimmt daher eine besondere Rolle ein.

Das Projektkomitee bestand sowohl aus Beratern als auch aus Kunden. Somit konnte auf eine umfangreiche Erfahrung und das Know-how der Branche zugegriffen werden. Internationale Erfahrungen, kulturelle Unterschiede und breites Branchenwissen waren die Basis zur Erarbeitung der 12 Richtlinien (Policies). Dazu wurde auch der Bezug zu anderen Standards hergestellt. Wir betrachten daher die angeführten Richtlinien als valide Basis zu unseren weiterführenden Überlegungen.

> Governance im Allgemeinen und die konkrete Anwendung in Beratungsprojekten sind ein internationaler Trend, der sowohl von Kunden als auch Beratern angenommen wird.

1.5 Exzellenz der Unternehmensberatung und Consulting Governance

Stellen wir jedoch zunächst die Consulting Governance in einen breiteren Zusammenhang und ergänzen damit auch die systemische Sicht, die bereits im Abschn. 1.2 eingeführt wurde. Dazu bietet sich das integrierte

Modell der Beratungsexzellenz an.[8] Dieses erlaubt uns eine vertiefte Annäherung und es verdeutlicht die Bedeutung von Consulting Governance im Rahmen von Projekten der Unternehmensberatung. Das Modell besteht aus vier Objektbereichen, wobei hier in weiteren Ausführungen das Teilsystems der Rahmenbedingungen der Profession nicht weiter vertieft wird, es sei jedoch hier der Vollständigkeit halber zum besseren Verständnis mit aufgeführt:

- **Beratersystem:** Anbieter der Unternehmensberatung (Beratungsunternehmen),
- **Kundensystem**: Nachfrager nach Leistungen von Unternehmensberatungen (Kunden),
- **Beratungssystem**: Interaktionen, Prozess und Ergebnis der Beratung,
- **Rahmenbedingungen der Profession:** Profession und externe Umwelten.

Diese einzelnen Subsysteme einer Beratungszusammenarbeit werden zunächst einzeln betrachtet und anschließend in ein integriertes Modell übergeführt.

1.5.1 Kontexte und Perspektiven der Unternehmensberatung

Das Modell der integrierten Beratungsexzellenz gilt für die meisten Beratungssituationen und liefert einen geeigneten Rahmen, um die Potenziale, die Interaktionen und die Ergebnisse in einen Gesamtzusammenhang zu stellen.

Beratersystem: Unternehmensberater als Anbieter
Unsere Perspektive betrachtet den Anbieter von Unternehmensberatung als ein Konglomerat von Fähigkeiten und Ressourcen, um Problemlösungen für andere zu ermöglichen. Der Einsatz dieser Potenziale erfolgt im Beratungsprozess in verschiedenen Phasen. Essenziell ist dabei die Be-

---

[8] Die folgenden Ausführungen in diesem Abschnitt orientieren sich an Herget (2022b).

ratungskompetenz, diese umfasst das Zusammenwirken von Handlungsfähigkeit (Bereitstellung von Ressourcen und Know-how), Handlungs-
bereitschaft (Kooperationswilligkeit der beteiligten Partner) und die
Übereinkunft zur Handlungsdisposition (Zuständigkeit und Legitimität).

Die Handlungsfähigkeit umfasst dabei explizites Wissen, implizites
Wissen und Fertigkeiten. Als Bezugspunkte für die Handlungsfähig-
keiten werden die folgenden Ausprägungen unterschieden: Fach-, Me-
thoden- und Sozialdimension. Die jeweiligen Faktoren lassen sich gut in
einem Reifegradmodell abbilden, die den aktuellen Stand der Ausprägung
der relevanten Faktoren festhalten.

Die erst seit etwa 2015 zunehmend etablierten Vermittlungsplatt-
formen bringen eine zusätzliche neue Qualität in das Beratersystem, da
die Plattformbetreiber häufig eigene Kompetenzen und Ressourcen in
den Beratungsprozess einbringen.[9] Dieser Aspekt kann jedoch ebenso im
Beratersystem berücksichtigt werden.

Kundensystem: Kunden als zu beratende Unternehmen
Die Nachfrager von Beratungsleistungen, also Kunden von Beratungsunternehmen, erwarten hingegen Kompetenzen und Ressourcen, die intern nicht (permanent oder temporär) zur Verfügung stehen oder denen
keine nachhaltige Problemlösungsfähigkeit zugemessen wird. Auch der
Nachfrager von Beratungsleistungen hat im Rahmen von Beratungsprozessen wesentliche Beiträge einzubringen, ohne die ein erfolgreicher
Beratungsprozess in der Regel nicht möglich sein wird. Auch hier kann
analog zur Beratungskompetenz von einer Beteiligungskompetenz gesprochen werden. Diese integriert die Beteiligungsfähigkeit (Ressourcen
und Know-how), -bereitschaft (Kooperationswilligkeit zur Zusammenarbeit mit einem externen Partner) und -zuständigkeit (interne Er-
mächtigung zur Mitwirkung). Die Beteiligungsfähigkeit umfasst das
Wissen, die Erfahrungen und Fertigkeiten, die in Beratungskontexten
oder ähnlichen Kollaborationen erworben wurden. Hier ist vor allem das
Potenzial des Kunden zur aktiven Mitwirkung im Beratungsprojekt entscheidend. Die Beteiligungsbereitschaft kann sich in der realen Projekt-

---

[9] Vergleiche hierzu die Ausführungen bei Herget (2022a).

arbeit häufig als ein kritischer Punkt herausstellen. Es kann wohl vom Management die Verpflichtung zur Mitwirkung in Projekten ausgesprochen und durchgesetzt werden, der Grad des Engagements und der Motivation hängt jedoch stark von den projektbegleitenden Rahmenbedingungen ab, wie etwa Transparenz in Information und Kommunikation, Mitwirkung am Entscheidungsprozess, Betroffenheit vom potenziellen Ergebnis der Beratung und ähnlichen Faktoren. Auch die relevanten Kriterien des Kundensystems lassen sich gut in einem Reifegradmodell abbilden.

Beratungssystem: Interaktion im Prozess der Beratung
Entscheidend bei Beratungsprozessen ist die kollaborative Interaktion im Rahmen des temporären Projekts. Diese dokumentiert sich schließlich in der Qualität und nachhaltigen Wirkung des erzielten Ergebnisses. Entscheidend dabei ist, ob die Ziele des Beratungsprozesses erreicht und die erwarteten Erfolge realisiert wurden. Der Beratungserfolg betrachtet sowohl die projektorientierte Interaktion des Anbieters und Nachfragers als auch das produzierte Beratungsergebnis.

Diese in den Beratungs- und Beteiligungskompetenzen zu erfassenden Kriterien für erfolgreiche Beratungsprojekte können auf die unterschiedlichen Phasen im Beratungsprozess angewendet werden.
Bei dieser Modellbetrachtung orientieren wir uns am Konstrukt des European-Foundation-for-Quality-Management(EFQM)-Modells in der bis 2019 gültigen Version (EFQM 2013), die für diese Zwecke besser geeignet erscheint als das neue EFQM-Modell von 2020 (EFQM-Modell 2019). Dieses adaptieren wir allerdings für unsere Zwecke und unterscheiden drei Objektbereiche:

* Befähiger,
* Prozesse,
* Resultate.

Diese Objektbereiche gliedern sich in verschiedene Kriterien, die in weitere Subkriterien ausdifferenziert werden können. Die Auswahl und Bestimmung der Kriterien orientiert sich an den Projektzielen und erwarteten Ergebnissen der Beratung.

Rahmenbedingungen der Profession

Auf den Prozess der Unternehmensberatung wirken sich darüber hinaus verschiedene Elemente der Beratungsinfrastruktur als Rahmenbedingungen aus, die ebenso bei der Analyse der Exzellenz im weiteren Sinne berücksichtigt werden können. Dazu zählen beispielsweise regulative, rechtliche, qualifikatorische und finanzielle Aspekte. Gerade die vielen politisch motivierten - lokale, regionale, nationale und europäische - Förderprogramme (z. B. Innovationsförderung, Digitalisierung, Start-ups) führen durch eine vollständige oder teilweise Übernahme der anfallenden Beratungskosten zu einer zusätzlichen Nachfrage nach Beratungsleistungen. Aber auch regionale Faktoren wie die Innovationsintensität einer Region, die vorhandene vertikale Wertschöpfungsstruktur (von Forschung über Transfereinrichtungen bis zur Produktion, Vertrieb und Nachfrage), stellen wichtige situative Rahmenbedingungen für Unternehmensberatungen dar. Aktivitäten von Berufsvertretungen zur Erhöhung der Sichtbarkeit, Transparenz und Unterstützung beim qualifikatorischen Rahmen sind den Rahmenbedingungen ebenso zuzurechnen.

Schließlich stellen natürlich die vielen Normen, z. B. die ISO 20700, wichtige Grundlagen und Orientierungen für die Unternehmensberatung dar.

Auch diese Entwicklungen können in einem Reifegradmodell abgebildet werden.

Mit dieser groben Charakterisierung nähern wir uns einem integrierten Modell, das es uns erlaubt, prospektiv die Potenziale und Effekte von Beratungsprozessen einzuschätzen und zu optimieren. Dadurch bietet es eine gute Basis, um die Consulting Governance zu verorten und ihre Potenziale im Rahmen von Beratungsprozessen zu verdeutlichen.

Objektbereiche des integrierten Modells der Unternehmensberatung

Das integrierte Modell zur Exzellenz der Unternehmensberatung bietet generell Ansätze zur

- Evaluation und Optimierung von Beratungsunternehmen (Beratersystem),
- Evaluation und Optimierung von Beratung suchenden Unternehmen für Beratungsprojekte (Kundensystem),

- Evaluation und Optimierung der Beratungsqualität im weiteren Sinne (Beratungssystem),
- Evaluation und Optimierung der Profession und deren Umwelten (Rahmenbedingungen).

1.5.2 Integriertes Modell der Unternehmensberatung

Das Modell zur integrativen Betrachtung der Unternehmensberatung mit den jeweiligen Kontexten verdeutlicht in der Abb. 1.4 die betrachteten Objekte mit ihren Interdependenzen und macht diese somit sichtbar. Die Unternehmensberatung lässt sich somit aus der Sicht der Beratungsunternehmen, der Kunden von Beratungsunternehmen, dem Beratungsprozess, aber auch aus dem situativen Kontext der Profession und deren Umwelten heraus analysieren. Die Consulting Governance integriert Aspekte aus all diesen Bereichen.

Exzellente Unternehmensberatung ergibt sich aus der bestmöglichen Umsetzung der Potenziale des Berater-, Kunden- und Beratungssystems in einem konkreten Beratungsprojekt.

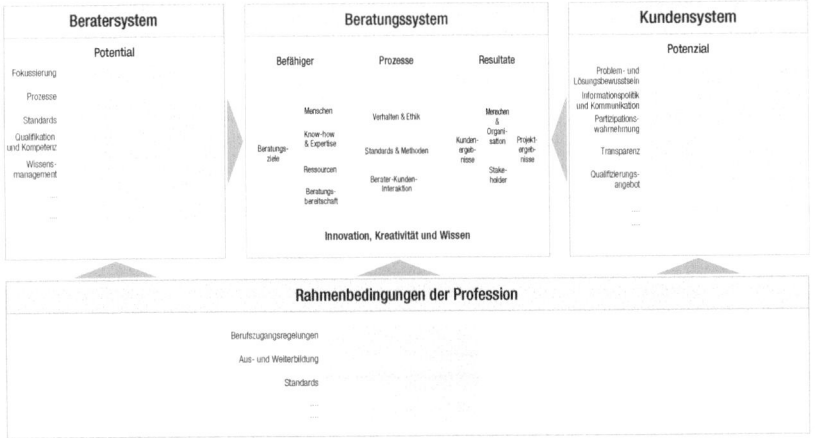

Abb. 1.4 Integriertes Exzellenz-Modell der Unternehmensberatung (Herget, 2022b)

1.6 Zielsetzung in Beratungsprojekten

Klare Ziele in Beratungsprojekten stellen eine wichtige Bedingung für erfolgreiche Beratungsprojekte dar. Ein gemeinsames Verständnis dieser Projektziele ist aber nicht selbstverständlich, wie bereits früher aufgezeigt. Dabei ist allerdings auch die bedingungslose Verfolgung eines Projektziels nicht notwendigerweise ein „Erfolg". Wenn dabei z. B. Werte verletzt oder Rahmenbedingungen ignoriert werden, dann ist der Preis für den „Erfolg" möglicherweise sehr hoch.

Somit ist die Zieldefinition oft Teil des Beratungsprojekts und ist daher in der Consulting Governance durch Milestones und Changemanagement entsprechend zu berücksichtigen. Das bedeutet auch, dass das genaue Ziel ein „Moving-Target" sein kann, da die oben skizzierten Veränderungen im Projektfortschritt ebenso zu angepassten Zieldefinitionen führen können.

> Die Emergenz zunächst noch nicht klar bestimmbarer Ziele im Projektablauf wird in Beratungsprojekten häufig vorkommen. Dies gilt es entsprechend zu verankern und transparent zu machen.

Ohne einer klaren Zielsetzung des Beratungsprojekts kann eine sinnvolle Consulting Governance allerdings nicht implementiert werden. Während eine allgemeine Wunschvorstellung, was als Ergebnis des Beratungsprojekts erwartet werden kann, noch relativ einfach festgelegt werden kann, sind konkrete messbare Ziele bei vielen Projekten nur schwer zu definieren. So ist z. B. die Wunschvorstellung „mehr Gewinn" mit konkreten Marktpositionierungen, Investitionen oder Rahmenbedingungen verbunden und würde zunächst die Ausarbeitung einer entsprechenden Strategie erfordern. Erst in weiteren Projekten könnten die erforderlichen Umsetzungen konkret geplant und implementiert werden.

Darüber hinaus erfordert die Zielsetzung die Berücksichtigung von Rahmenbedingungen, die oftmals nur teilweise konkretisiert werden können. Beratungsprojekte stellen häufig „Work-in-progress" dar, was impliziert, dass sich stets die aktuellen Gegebenheiten und Rahmenbedingungen je nach eingeschlagener Richtung verändern können. Das verunmöglicht häufig eine genaue Ex-ante-Planung. Diese Aspekte können und sollten im Rahmen der Zielsetzung explizit verankert werden.

Bei der Definition des Beratungsziels kommt Beratern gerade bei Unternehmen, die noch geringere Expertise in der Durchführung von Beratungsprojekten haben, eine besondere Rolle zu. Sie müssen Kunden bei der Definition und bei der Formulierung möglicherweise behilflich sein. Gleichzeitig haben sie die Problematiken des Interessenkonflikts, der sich daraus ergeben kann, sorgfältig zu berücksichtigen.

> Gemeinsame Zieldefinition in Beratungsprojekten ist essenziell für eine erfolgreiche Kollaboration. Eine klare Explizierung der angestrebten Projektziele und der Rahmenbedingungen sollten angestrebt werden.

1.7 Komplexität in Projekten und Regelungsbedarf

Eine Grundthese dieses Buchs liegt darin, nur das zu regeln, was sinnvollerweise geregelt werden sollte, um einen optimalen Projekterfolg zu gewährleisten. Ein zu umfassender Ansatz zur Regelung kann nämlich sehr schnell zur Lähmung in der realen Projektarbeit führen. Andererseits kann zu wenig Regelung zu zeit- und kostenintensiven Korrekturen führen und vor allem ein konstruktives Klima im Projekt behindern, in dem durch unterschiedliche Annahmen, Verständnisse und Interpretationen spätere unnötige Abklärungs- und Konfliktregelungsprozesse notwendig werden.

Woran kann man nun erkennen, welches Projekt welcher Regelungen bedarf? Die Erfahrung der Projektbeteiligten bildet sicherlich einen der wichtigsten Hinweisgeber, aber auch diese orientieren sich an realen Projektgegebenheiten. Die folgenden Kriterien erscheinen uns die wesentlichsten zu sein:

- Größe des Projekts gemessen an der Zahl der beteiligten Personen: Je mehr Personen intern oder auch im Beratungsteam einbezogen werden, umso größeren Abstimmungs- und Entscheidungsbedarf wird es innerhalb des Projekts benötigen. Häufig ist auch ein direkter Zusammenhang zwischen der Anzahl der eingebundenen Personen und der Anzahl der betroffenen Organisationseinheiten festzustellen.
- Größe des Projekts gemessen an den einzusetzenden Personentagen: Je mehr Personentage im Projekt investiert werden, umso umfangreicher sind die Koordinationsbeziehungen im Projektteam selbst, häufig aber auch zu und innerhalb des Unternehmens im Regelbetrieb.
- Größe des Projekts gemessen an der Zeitdauer: Je länger die Projekte dauern, umso mehr können sich die Interessen und Rahmenbedingungen ändern, die Einfluss auf das Projekt nehmen können. Das Projektmanagement wird anspruchsvoller.
- Die systemische Abhängigkeit und Verquickung (Interdependenz) der Beratungsaufgabe innerhalb des Unternehmens und ihr Einfluss auf das Geschäftsmodell: Je mehr Funktionsbereiche, Arbeitsabläufe und Beziehungen zu externen Kunden und Partnern vom Projekt tangiert werden, umso mehr regelungsrelevante Schnittstellen gilt es zu berücksichtigen.
- Der Innovationsgrad der angestrebten Problemlösung: Wenn es sich um eine Routineaufgabe handelt, die auf dem Markt bereits etabliert ist oder zu der es bereits etablierte „Good Practices" gibt, umso sicherer kann der Projektverlauf eingeschätzt werden und die zu regelnden Parameter sind eher bekannt. Bei neuartigen Problemlösungen fehlt es an diesem Erfahrungsschatz, häufig muss mehr mit „Trial and Error" gearbeitet werden, die eine Vorausplanung schwieriger gestalten.
- Fachliche Vielfalt im Rahmen des Projekts: je mehr unterschiedliche Kompetenzbereiche zu berücksichtigen sind, umso mehr gilt es auch die unterschiedlichen Traditionen und Herangehensweisen zu berücksichtigen, die teils in einem mangelnden Verständnis für die anderen beteiligten Kompetenzträger resultieren können.
- Unverträglichkeit mit der herrschenden Unternehmenskultur: Neue Ansätze können sehr schnell mit dem Routineverhalten von Organisationen kollidieren. Der Verträglichkeit der Unternehmenskultur, die

im Rahmen von Changeprojekten verändert wird, muss mit geeigneten Regelungen begegnet werden.

- Transformations- und Disruptionsgrad für das Unternehmen: Je mehr das Geschäftsmodell mit all seinen Facetten zur Disposition steht, umso umfangreichere Informations-, Kommunikations- und Abstimmungsprozesse werden notwendig,
- Komplexe regulatorische Rahmenbedingungen, die sich z. B. im internationalen Kontext oder durch das Geschäftsfeld der Organisation ergeben.
- Persönliche Betroffenheit von Stakeholdern wie Mitarbeiter oder Eigentümer. Beratungsprojekte bewirken oft schmerzhafte Veränderungsprozesse, für die entsprechende Rahmenbedingungen zu berücksichtigen sind.
- Abhängigkeiten des Projekts zu anderen Projekten in der Organisation (Multiprojektmanagement). Beratungsprojekte sind oft Teil der Umsetzung einer Gesamtstrategie. Zur Umsetzung dieser Gesamtstrategie laufen mehrere Projekte parallel bzw. als Vor- oder Folgeprojekt. Der Abstimmungsbedarf und projektkritische Abhängigkeiten können die Komplexität entscheidend erhöhen.

Diese Faktoren (und weitere mehr) stehen in einer Korrelation zur Komplexität eines Projekts. Prototypisch kann von „einfachen" Projekten und von „komplexen" Projekten gesprochen werden, wobei das Kontinuum fließend ist. Dabei ergibt sich die Komplexität nicht als eine Summe aller genannten Bedingungen, bereits ein Faktor kann dazu führen, dass es sich um ein komplexes Projekt handeln kann. Die Zusammenhänge der genannten Einflussfaktoren auf die Komplexität von Projekten sind in der Abb. 1.5 veranschaulicht.

> Die Komplexität der Rahmenbedingungen des Projekts stellt einen wichtigen Faktor bei der Bestimmung des notwendigen Governance-Bedarfs. Der Umfang der Consulting Governance sollte der Komplexität angemessen sein, aber nicht mehr regeln, als notwendig und sinnvoll erscheint.

Grad der Projektkomplexität

Faktoren	niedrig	hoch
Anzahl Beteiligte
Ressourcen-Input
Zeitdauer
Systemische Interdependenz
Innovationsgrad
Fachliche Bandbreite
Kulturelle Herausforderung
Transformations-/Disruptionsgrad
Komplexität Rahmenbedingungen
Persönliche Betroffenheit
Multiprojekt-Management		

Abb. 1.5 Komplexität von Projekten und ihre Bedingungsfaktoren

1.8 Das Konzept der Consulting Governance

Eine vereinbarte Consulting Governance, die in Beratungsprojekten fixiert wird, schafft durch ihre Verbindlichkeit einen sinnvollen Rahmen, der ein vertrauensvolles Zusammenarbeiten ermöglicht. Dazu macht es selbstverständlich Sinn, nicht ein fixes Gerüst stets zur Grundlage zu nehmen, sondern dieses immer an das zugrunde liegende Projekt und die Rahmenbedingungen beider Partner flexibel anzupassen. Wir werden in diesem Buch prototypisch verschiedene Formate entwickeln und diskutieren.

Die Grundlage einer adäquaten Consulting Governance stellt zunächst die Komplexität des zugrunde liegenden Projekts dar, daraus bestimmt sich der Bedarf nach dem notwendigen Ausmaß der Regelung. Dabei spielen auch die Ziele eine entscheidende Rolle in der Bestimmung der Consulting Governance, die es zu interpretieren bedarf. Diese beiden Aspekte stellen die Rahmenbedingungen von Consulting Governance, die ihre konzeptionelle Dimension bestimmen. Die Consulting Governance selbst fußt auf vier Säulen:

- den Phasen und **Prozessen** des Beratungsprojekts,
- den **Strukturen**, in denen die Zusammenarbeit stattfindet,

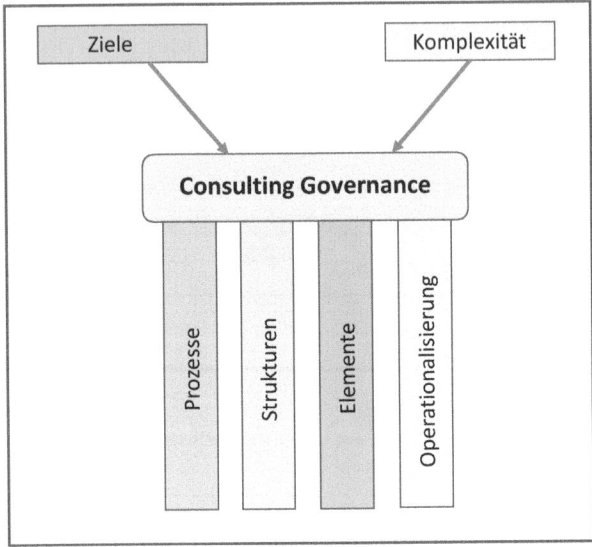

Abb. 1.6 Consulting Governance im Überblick

- den **Elementen**, die es zu regeln gilt und
- den ausformulierten Prozessen, die eine konkrete **Operationalisierung** der Regelungsbereiche ermöglichen.

Die Entwicklung des Konzepts und der Struktur einer Consulting Governance lässt sich, wie in Abb. 1.6 dargestellt, abbilden. Die einzelnen Bestandteile werden in den folgenden Kapiteln vertieft beleuchtet.

1.9 Key Points

Für Berater

1. Eine gute Governance sichert Transparenz, Vertrauen und dadurch auch die Akzeptanz für Beratungsprojekte.
2. Consulting Governance bietet ein wichtiges Managementinstrument, um die Anbahnung, Durchführung und den Abschluss von Beratungsprojekten zu unterstützen. Dabei berücksichtigt es die Sichten des Kunden und des Beraters gleichermaßen.

3. Das Ziel liegt in der antizipativen Vorwegnahme aller relevanten Regelungsbereiche und der Erarbeitung einer abgestimmten Vorgehensweise.
4. Eine systemische Sicht auf den Beratungsprozess schafft eine größere Klarheit und verschafft eine höhere Transparenz der vorliegenden Beratungskapazitäten.
5. Die Komplexität des Projekts stellt eine wichtige Determinante zur Festlegung des Ausmaßes der notwendigen Consulting Governance dar.

Für Kunden

1. Eine gute Governance verschafft dem Beratungsprojekt eine hohe Akzeptanz im Unternehmen, in dem sie sicherstellt, dass die verschiedenen Ansprüche berücksichtigt werden.
2. Consulting Governance stellt ein System zur transparenten, effektiven und effizienten Durchführung von temporären Beratungsprojekten dar.
3. Eine Consulting Governance fokussiert den Projekterfolg und formuliert die notwendigen Regelungsbereiche, wie dieser möglichst gut erreicht werden kann.
4. Das Vorliegen der Grundlagen einer erfolgreichen Zusammenarbeit sollte vor dem Projekt gewährleistet werden. Dazu gehören insbesondere der Wunsch nach und das Engagement für Kooperation mit dem Berater und eine klare Erwartungshaltung.
5. Je komplexer ein Beratungsprozess ist, umso wichtiger wird die Consulting Governance.

Literatur

Bay, K.-C., & Hastenrath, K. (Hrsg.). (2021). *Compliance-Management-Systeme: Praxiserprobte Elemente, Prozesse und Tools.* C. H. Beck.
Birkner, S. (2013). *Eindeutiger beraten? Umgang mit Mehrdeutigkeit als Handlungsfeld in Beratungsinterventionen.* Metropolis.
Bodenstein, R. (2022). Die Beratungsnorm ISO 20700. In R. Bodenstein, I. A. Ennsfellner & J. Herget (Hrsg.) (2022), *Exzellenz in der Unternehmensberatung. Beratungsprojekte erfolgreich durchführen – Leitlinien für Unternehmen und Berater.* Springer Gabler.

CIO. (2010). *Warum Beratungsprojekte scheitern.* https://www.cio.de/a/warum-beratungsprojekte-scheitern,2247033. Zugegriffen am 10.01.2022.

Gablers Wirtschaftslexikon. (2018). *Corporate Governance.* https://wirtschafts-lexikon.gabler.de/definition/corporate-governance-28617/version-367554. Zugegriffen am 16.01.2022.

Herget, J. (2022a). Match – Wie Kunden und Berater zusammenkommen. In R. Bodenstein, I. A. Ennsfellner & J. Herget (Hrsg.), *Exzellenz in der Unternehmensberatung. Beratungsprojekte erfolgreich durchführen – Leitlinien für Unternehmen und Berater.* Springer Gabler.

Herget, J. (2022b). Exzellenz in der Unternehmensberatung. In R. Bodenstein, I. A. Ennsfellner & J. Herget (Hrsg.), *Exzellenz in der Unternehmensberatung. Beratungsprojekte erfolgreich durchführen – Leitlinien für Unternehmen und Berater.* Springer Gabler.

Knöpfel, H. (2004). *Consulting Governance. Transparente und erfolgreiche Zusammenarbeit zwischen Kunde und Berater.* Versus.

Kreutzer, M., & Menz, M. (2012). European Consulting Survey 2012. The future of the European Management Consulting Firms Business Models. Study of the University of St. Gallen.

Treichler, C., Wiemann, E., & Morawetz, M. (2004). *Corporate Governance und Managementberatung. Strategien und Lösungsansätze für den professionellen Beratereinsatz in der Praxis.* Gabler.

Wirtschaftsuniversität Wien. (2012). *Beraterstudie 2012.* Wirtschaftsuniversität Wien

2

Governance by Design: Prozesse und Strukturen

Zusammenfassung Von der Projektidee bis zum Abschluss, Governance in Beratungsprojekten muss von Anfang an in die Überlegungen einfließen. Das Ziel dieses Kapitels liegt in der Analyse und Konzeption für die Consulting Governance. Das Begriffsbild soll sich nicht in einer zufälligen und unsystematischen Aufzählung von möglichen Regelungsfeldern erschöpfen und somit zu einem unverbindlichen Konstrukt mit bloßem Empfehlungscharakter geraten. Es soll vielmehr eine Richtschnur bieten, mit deren Hilfe erfolgreiche Beratungsprojekte durchgeführt werden können. Die konkrete Ausprägung der Consulting Governance erfolgt projektspezifisch und ist somit an die individuellen Bedürfnisse angepasst. Daher werden zunächst die Phasen und Prozesse differenziert. Der zweite Bereich in diesem Kapitel bezieht sich auf die Strukturen, in denen die Beratungsprojekte durchgeführt werden können. Es sind verschiedene Rollen und Gremien mit jeweils klar definierten Aufgaben zu bestimmen, die im Rahmen der Projekte abgestimmt zusammenwirken. Hierzu werden verschiedene relevante Möglichkeiten vorgestellt und diskutiert.

© Der/die Autor(en), exklusiv lizenziert an Springer-Verlag GmbH, DE, ein Teil von
Springer Nature 2022
R. Bodenstein, J. Herget, *Consulting Governance*, Beratung im Fokus,
https://doi.org/10.1007/978-3-662-65299-2_2

Das Kennzeichen von Projekten ist zum einen eine gewisse Systematik sowie Struktur. Die Systematik leitet sich aus ihrer temporären Wesenheit ab, sie haben immer einen Beginn und ein Ende. Die Struktur bestimmt nun die Akteure und die Organisation dieser Leistungserbringung. Zum anderen sind zum Verständnis von Projektarbeit ihre Offenheit und die existierenden Freiheitsgrade zu ihrer Gestaltung zu erkennen. Diese sind höchst variabel und hängen natürlich von zahlreichen Determinanten ab. Ihre prinzipielle individuelle Gestaltbarkeit stellt aber die Voraussetzung dar, um eine bestmögliche Abstimmung zwischen ihrer Zielsetzung und dem erreichbaren Zielerfüllungsgrad durch ein Handeln zu ermöglichen. Projekte sind also in hohem Maße managebar, die unterschiedlichen Hebel hierzu herauszuarbeiten ist das Anliegen dieses Kapitels.

2.1   Phasen in Beratungsprojekten

Jedes Beratungsprojekt hat eigene Charakteristika, die sich aus verschiedenen Faktoren ableiten. Trotzdem weisen alle Projekte immer die gleichen Phasen aus. Ausgangspunkt dafür ist die jeweilige grundsätzliche Idee oder Problemstellung und das daraus abzuleitende Gesamtziel. Schon aus dieser Entstehung heraus werden die Projekte beeinflusst. Projekte, die Teil einer Gesamtstrategie sind und langfristig geplant werden, können anders vorbereitet werden als Projekte, die in einer akuten Krisensituation unter hohem Zeitdruck durchgeführt werden müssen.

Vereinfacht kann der Ablauf von Beratungsprojekten wie in Abb. 2.1 dargestellt verstanden werden. Projektspezifisch sind dabei allerdings Dauer und Tiefe der einzelnen Phasen. Diese Phasenorientierung wird auch in der ISO 20700 zur Grundlage der Betrachtung gelegt. Dort wird sie allerdings auf drei Phasen verkürzt, die Konzeption und Vertragsgestaltung werden als eine Phase „Angebot" zusammengefasst. Für unsere Betrachtung zur Consulting Governance macht es allerdings durchaus Sinn, die Phasen zu differenzieren, wie wir noch später sehen werden.

Aus der grundsätzlichen Idee wird eine konkrete Zielsetzung abgeleitet, die einen Rahmen für Kosten, Durchlaufzeit und sonstige Parameter für

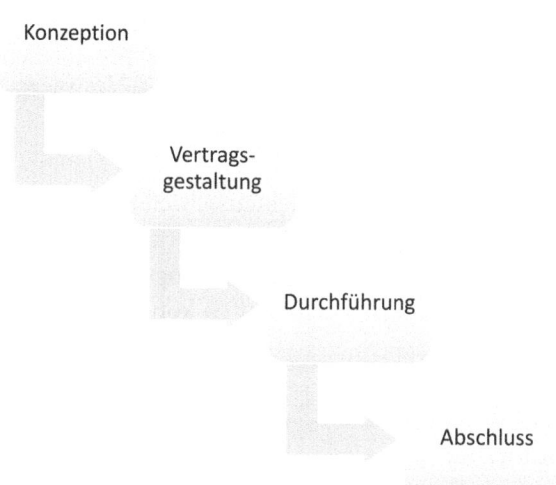

Konzeption

Vertrags-
gestaltung

Durchführung

Abschluss

Abb. 2.1 Phasen in Beratungsprojekten

die Beraterauswahl enthält. Nach erfolgter Beraterauswahl und einer entsprechenden Vertragsgestaltung erfolgen die Durchführung sowie der Abschluss des Gesamtprojekts.

> Die Consulting Governance ist dabei in jedem der Schritte zu berücksichtigen. Allerdings sind die Beraterauswahl sowie die konkrete Vertragsgestaltung besonders kritisch für die erfolgreiche Implementierung der Consulting Governance, da dort der Rahmen für diese gesetzt wird, spätere Änderungen sind nur mehr im gegenseitigen Einverständnis möglich.

2.1.1 Konzeption

In dieser Phase kann ein Projekt entstehen, oft werden aber Projektideen wieder verworfen. Erste Ansätze zur Zieldefinition und Überlegungen zu den Rahmenbedingungen werden ebenso angestellt.

Beispielhaft können folgende Prozesse im Rahmen der Vorlaufphase angeführt werden:

- Definition der grundsätzlichen Zielsetzung und möglicher konkreter Erfolgsfaktoren unter Einbindung der wichtigsten Stakeholder.
- Definition eines Anforderungsprofils für die Beratersuche mit Festlegung eines Kosten- und Zeitrahmens, erwarteter Verfügbarkeit von Ressourcen und notwendiges Know-how.

Am Ende der Phase sollte eine Projektausschreibung stehen, mit der die Beratersuche gestartet werden kann.

Bereits in dieser ersten Phase von Beratungsprojekten fließen Überlegungen ein, die die Governance betreffen können. Beispiele dafür sind unter anderem:

- Geheimhaltung
- Conflict of Interest
- Einbindung von Stakeholdern
- Zeitliche Abhängigkeiten
- Wertesystem

Je nach konkreter Ausgestaltung der Ausschreibung ist auch festzuhalten, welche Faktoren in der Consulting Governance „nicht verhandelbar" sind und welche Faktoren im Zuge der konkreten Vertragsverhandlungen noch angepasst werden können. Wesentlich ist, dass sowohl unternehmensintern als auch seitens der potenziellen Vertragspartner möglichst hohe Transparenz zu den Erwartungshaltungen gelebt wird.

2.1.2   Vertragsgestaltung

Je nach Komplexität des Projekts können Verträge zu Beratungsprojekten vom sprichwörtlichen Handschlag bis zum umfangreichen Vertragswerk reichen. Allerdings sollte auch bei kleineren Unternehmen, die über mehrere Jahre mit einem Berater zusammenarbeiten, zumindest in einer kurzen Vereinbarung ein Grundkonstrukt über das zugrunde liegende Projekt festgehalten werden. Bei großen Unternehmen verlangen sowohl die Unternehmen als auch das jeweilige Beratungsunternehmen eine detaillierte schriftliche Vereinbarung.

Unabhängig von der Form sollten aber alle wesentlichen Elemente der Governance im Vertrag vereinbart werden. Auch der Umstand, dass ein bestimmtes Element für das Projekt nicht relevant ist, ist festzuhalten. So werden bei kleinen Projekten mit kurzer Durchlaufzeit nur eine minimale Projektstruktur bzw. ein minimaler Zeitplan sinnvoll sein. Damit würde auch in der Vereinbarung ein Verweis genügen, dass hierzu keine detaillierten Definitionen vorgenommen werden.

Sowohl Unternehmen als auch Berater müssen sich darauf verlassen können, dass sie von den gleichen Zielsetzungen und Rahmenbedingungen ausgehen. Das Ergebnis dieser Phase ist ein rechtlich bindender Vertrag.

> Für die Consulting Governance stellt der Vertrag eine wichtige Grundlage zur Kollaboration zwischen dem Kunden und dem Berater dar. Die Consulting Governance erschöpft sich allerdings keinesfalls nur in dieser vertraglichen Vereinbarung, sie geht weit darüber hinaus.

2.1.3 Durchführung

Je größer und komplexer ein Beratungsprojekt, desto höher ist die Wahrscheinlichkeit, dass sich im Rahmen der Durchführung Änderungen ergeben. Die Ursachen dafür sind vielfältig und können sowohl kunden- als auch beraterseitig liegen oder aufgrund geänderter Rahmenbedingungen notwendig sein.

Projektkritisch ist aber der Umgang mit diesen Änderungen. Dabei gilt es zu erkennen, ob das Projekt mit Änderungen fortgeführt wird, oder das Projektziel unter Einhaltung der vereinbarten Rahmenbedingungen nicht mehr erreicht werden kann und daher abgebrochen werden muss. In dieser Phase zeigt sich daher, wie effektiv die Governance eines Projekts implementiert ist.

Die Durchführungsphase kann aus mehreren Prozessen bestehen, die unterschiedlich ausgeprägt sein können. Beispielhaft können dazu angeführt werden:

- Projekt-Governance (Struktur des vereinbarten Projektmanagements einrichten)
- Projektstart (Kick-off) und Einbindung der vereinbarten Stakeholder und der vereinbarten Kommunikationsrichtlinien
- Projekt mit den vereinbarten Dienstleistungen (Studien, Workshops, Analysen, etc.) durchführen
- Lösung implementieren bzw. als Projektergebnis präsentieren.

Am Ende dieser Phase steht im Erfolgsfall die Abnahme des Projekts durch den Auftraggeber.

2.1.4 Abschluss

Der Abschluss eines Beratungsprojekts besteht aus unterschiedlichen Aktivitäten, die im Rahmen der Vertragsgestaltung zu definieren sind. Letztlich müssen Auftraggeber und Auftragnehmer gemeinsam beschließen, dass das Projekt abgeschlossen wurde. Je nach Komplexität des Projekts können damit umfangreiche Tätigkeiten verbunden sein, die von der Abhandlung von Formalismen bis zu einem umfangreichen Debriefing reichen können.

Die einzelnen Phasen umfassen dabei, wie bereits deutlich wurde, mehrere in einer logischen Ordnung ablaufenden Prozesse, die in aller Regel konsekutiv absolviert werden. Das betrachten wir näher im nächsten Abschnitt.

2.2   Prozesse bei Beratungsprojekten

Diese weitere Ausdifferenzierung erscheint sinnvoll, da ihr in verschiedenen Projektkonstellationen eine unterschiedliche Bedeutung zukommen kann und unter Umständen auf einzelne Phasen sogar ganz verzichtet werden kann. Insgesamt unterscheiden wir 12 unterschiedliche Phasen, die einer logischen Abfolge unterliegen.

Alle diese Prozesse lassen sich eindeutig einer Phase zuordnen. Die Charakterisierung der einzelnen Prozesse wurde bereits im vorigen Abschnitt kurz vorgenommen und ergibt sich auch aus ihrer jeweiligen Bezeichnung. Wir verwenden diese Prozesse im nächsten Kapitel, da sie die Grundlage für die Adressierung der als wichtig erachteten Aspekte der Consulting Governance darstellen. Sie stellen eine der Säulen des Frameworks zur Consulting Governance dar.

> Die weitere Unterteilung der Phasen in Prozesse schafft die Grundlage, um Aspekte der Consulting Governance möglichst am richtigen Entstehungs- und Gestaltungsort zu bestimmen. Das Konstrukt der Consulting Governance kann dadruch zielgenau verortet werden.

Die einzelnen Prozesse und die Zugehörigkeit zu den einzelnen Phasen werden in der Abb. 2.2 illustriert. Diese Ableitung wird auch später noch reflektiert.

Phase	Prozess
Konzeption	Grundsätzliche Zielsetzung
Konzeption	Anforderungsprofil definieren
Vertragsgestaltung	Ausschreibung des Projektes
Vertragsgestaltung	Beraterauswahl
Vertragsgestaltung	Vertragsabschluss
Durchführung	Projekt-Governance / Struktur einrichten
Durchführung	Projektstart (Kick-Off)
Durchführung	Projekt durchführen
Durchführung	Lösung implementieren
Durchführung	Lösung abnehmen
Abschluss	Projekterfolg evaluieren
Abschluss	Lessons Learned (Debriefing)

Abb. 2.2 Prozesse in Beratungsprojekten

2.2.1 Zuständigkeiten und Verantwortungen für die Prozesse

Die Zuständigkeit für die Gestaltung jeder Phase kann dabei unterschiedlich sein: Sie kann im alleinigen Verantwortungsbereich des Unternehmens, des Beraters oder in gemeinsamer Zuständigkeit liegen. All das hat immer auch eine große Auswirkung auf die jeweilige Consulting Governance.

Ebenso muss die jeweilige Zuständigkeit in Beratungsprojekten stärker spezifiziert werden. Wenn die Zuständigkeit beim Unternehmen (Kunden) liegt, ist damit noch nicht ausgesagt, wer beim Kunden an diesem Prozess beteiligt ist. Genau das ist eine Frage der internen Consulting Governance, denn diese personelle Zuständigkeit (als Rolle und/oder Funktion) wird von Prozess zu Prozess variieren. So kann etwa der Prozess „Grundsätzliche Zielsetzung" von jemand anderem verantwortet werden als der Prozess „Beraterauswahl". Hier kommt es immer auch auf die interne organisatorische Ausdifferenzierung und die vorhandenen Regelungen an, so etwa auch, ob ein zentrales Buying Center existiert. Die „Projektdurchführung" kann wiederum jemand anderer verantworten. Häufig werden auch Gremien eine Verantwortung hierzu tragen. Weiteres dazu findet sich im nächsten Abschnitt dieses Kapitels. Das Gesagte gilt analog zum Berater, auch dort werden verschiedene Rollen die jeweiligen Aufgaben wahrnehmen. Ebenso werden die gemeinsam verantworteten Prozesse in der Regel von unterschiedlichen Konstellationen getragen und verantwortet. All diese Regelungen sind bereits ein wichtiger Bestandteil einer Consulting Governance.

2.2.2 Bezüge zur Consulting Governance

Unseren Ausgangspunkt zur Bestimmung der Regelungsbereiche der Consulting Governance stellen die einzelnen Prozesse von Beratungsprojekten dar. Sie bieten eindeutige Anknüpfungspunkte und schaffen damit einen transparenten Rahmen für die Ausgestaltung der Consulting Governance. Diese stufenweise Verfeinerung des Phasenkonzepts hilft, die relevanten Aspekte deutlich anzusprechen und sie gleichzeitig in einem Gesamtkontext zu betrachten. Die Abb. 2.3 integriert all die bisher genannten Aspekte: Phasen, Prozesse, Zuständigkeiten und die jeweiligen Bezüge zur Consulting Governance.

Damit haben wir die erste Säule des Frameworks zur Consulting Governance bestimmt. Die Frage, *wann* die Consulting Governance zum Einsatz kommt, wurde dadurch bestimmt. Nun wenden wir uns der zweiten Säule zu: *Wer* nimmt die Funktionen und Rollen wahr, um die Consulting Governance als Aufgabe zu bewältigen?

> Die Prozesse in Beratungsprojekten bestimmen die jeweilige Zuständigkeit und den Scope für die Consulting Governance.

Projektphase	Prozess	Zuständigkeit	Bezug zu Consulting Governance
Konzeption	Grundsätzliche Zielsetzung	Kunde	Erste Sichtung möglicher kritischer Faktoren
Konzeption	Anforderungsprofil definieren	Kunde	Mögliche Ausschlussfaktoren oder Mindestanforderungen definieren
Vertragsgestaltung	Ausschreibung des Projektes	Kunde	Mögliche Ausschlussfaktoren oder Mindestanforderungen
Vertragsgestaltung	Beraterauswahl	Kunde	Mögliche Nachschärfung von Ausschlussfaktoren oder Mindestanforderungen
Vertragsgestaltung	Vertragsabschluss	Kunde und Berater	Gesamte Consulting Governance gemeinsam mit Berater definieren
Durchführung	Projekt-Governance / Struktur einrichten	Kunde und Berater	Unter Bezug auf vertragliche Vereinbarungen
Durchführung	Projektstart (Kick-Off)	Kunde und Berater	Unter Bezug auf vertragliche Vereinbarungen
Durchführung	Projekt durchführen	Kunde und Berater	Unter Bezug auf vertragliche Vereinbarungen
Durchführung	Lösung implementieren	Kunde und Berater	Unter Bezug auf vertragliche Vereinbarungen
Durchführung	Lösung abnehmen	Kunde	Unter Berücksichtigung der Governance-Kriterien
Abschluss	Projekterfolg evaluieren	Kunde	Unter Berücksichtigung der Governance-Kriterien
Abschluss	Lessons Learned (Debriefing)	Kunde und Berater	Unter Berücksichtigung der Governance-Kriterien

Abb. 2.3 Prozesse und Zuständigkeiten

2.3 Strukturen innerhalb der Consulting Governance

Nachdem die einzelnen Phasen und Prozesse des Ablaufs in Consulting-Projekten skizziert wurden, stellt sich die Frage, wer nun die Mitwirkenden in welchen Rollen und Funktionen und in welcher Zusammensetzung sind, welche Regeln gelten, mit welchen Kompetenzen sie ausgestattet und wie sie in den gesamten Consulting-Prozess eingebunden sind. Consulting-Projekte sind immer temporär begrenzt und die Organisation des Projekts läuft immer neben der üblichen Organisationsstruktur. Ziel muss es sein, ein möglichst reibungsloses Zusammenwirken der regulären und der temporären Organisation zu gewährleisten. Strukturen, Entscheidungskompetenzen und Kommunikationswege sollten daher klar geregelt werden, um größtmögliche Transparenz zu gewähren, klare Berichts- und Entscheidungswege zu definieren und Mitwirkungsrechte und -pflichten zu bestimmen. Viele der Rollenträger wirken zugleich simultan und parallel in beiden Organisationsformen mit, der Koordination mit klarer Abgrenzung kommt daher eine wichtige Bedeutung zu. Eine solche festzulegende Strukturorganisation wird auch im Konzept der Consulting Governance berücksichtigt.

Die verwendeten Begrifflichkeiten legen nahe, es handelte sich um die Strukturen und Prozesse, die im Projektmanagement Verwendung finden. Das ist zum Teil sicher richtig und gewiss können die hier vorgeschlagenen Rollen und Gremien ebenso in die Projektplanung des Beratungsprojekts übernommen werden. Unser Fokus ist aber nicht das Projektmanagement, sondern die Notwendigkeiten und Best Practices, wie sie sich aus der Consulting Governance ergeben. Das mag zunächst etwas missverständlich wirken, aber eine dezidierte Projektplanung muss neben den hier angestellten Überlegungen stattfinden.

Beratungsprojekte werden in der Regel immer durch externe Partner inhaltlich dominiert und das Know-how ins Unternehmen hineingetragen, das unterscheidet sie wesentlich von klassischen Projekten, die in der Regel internes Personal einsetzen. An dieser Stelle wird nicht berücksichtigt, wie lange etwa ein Projekt dauert, welche unterschiedlichen

Personen mitwirken werden und wann welche Entscheidungen und Abnahmen von Milestones stattfinden werden. Das bleibt dem Projektmanagement in einer konkreten Projektplanung vorbehalten. Sehr wohl können (und sollten) aber die hier definierten Rollen und Gremien in die tatsächliche Projektplanung übernommen werden.

> Bei der Festlegung von Rollen, Funktionen und Gremien wird von den Notwendigkeiten der Consulting Governance ausgegangen und nicht vom Ablauf konkreter Projekte, wie sie im Projektmanagement vorgenommen werden. Allerdings können die hier definierten Strukturen sehr wohl für das Projektmanagement übernommen werden.

Die Strukturen können in drei verschiedenen Perspektiven vorgenommen werden: Wer ist im Kundenunternehmen wie zu beteiligen, wer im Beratungsunternehmen und wie sieht die Komposition der Mitwirkenden im täglichen Beratungsprozess aus. Diese Klarheit gilt es im Folgenden zu schaffen und zu vertiefen.

2.3.1 Strukturen beim Kunden

Der Kunde wird verschiedene Rollen und Funktionen definieren, um ein Beratungsprojekt erfolgreich ins Leben und auch zum Abschluss zu bringen. Dazu können folgende Rollen und Gremien formuliert werden, die Charakterisierung dieser Rollen und ihr Wirken in den unterschiedlichen Projektkonstellationen wird im Anschluss vorgenommen:

* Projektauftraggeber/Projektsponsor,
* Steering Committee,
* Sounding Board,
* Projektleiter,
* Projektteam,
* Projektmitarbeiter.

Die Definition der unterschiedlichen Rollen erfolgt zunächst immer personenunabhängig. Wie wir bereits an früherer Stelle ausgeführt haben, bietet die Consulting Governance eine Art Blaupause, die in konkreten Projekten nach der Wahl der als zu verwendenden Strukturen mit konkreten Personen besetzt werden. Ob alle Rollen benötigt werden, hängt von der Komplexität des Beratungsprojekts ab, wie im ersten Kapitel ausgeführt. Insbesondere bei kleinen Unternehmen sind die Strukturen deutlich geringer ausgeprägt und laufen im Extremfall auf den Geschäftsführer oder Eigentümer hinaus.

2.3.1.1 Projektauftraggeber/Projektsponsor

Jeder Beratungsidee geht immer eine Entscheidung voraus, ein bestimmtes Beratungsprojekt anzugehen. Diejenige Person, die das Projekt vorangetrieben hat oder in deren Verantwortungsbereich das Projekt stattfinden wird, qualifiziert sich in der Regel als Projektauftraggeber, häufig auch als Projektsponsor bezeichnet. Durch die Bezeichnung Sponsor kommt auch zum Tragen, welches Budget für das Projekt belastet wird und wer somit die Hauptverantwortung für die erfolgreiche Abwicklung des Beratungsprojekts trägt. Wenn Gremien, zum Beispiel die Geschäftsleitung oder der Vorstand, ein Beratungsprojekt beschließen, werden sie auch in der Regel eine Person bestimmen, die die hierarchische Verantwortung für das Gelingen eines Projekts trägt. Diese Person (oder besser: Rolle) darf nicht mit dem Projektleiter verwechselt werden. Der Projektauftraggeber wählt vielmehr den Projektleiter aus, der dann für die Durchführung des Projekts zuständig ist.

Als generelle Empfehlung für die Rolle des Projektauftraggebers kann gelten, eine möglichst hoch in der Hierarchie angesiedelte Person mit dieser Aufgabe zu betrauen, das sichert einerseits eine hohe Priorität in der Wahrnehmung der Organisation, zum anderen können auch viele Entscheidungen unmittelbar von dieser Rolle getroffen werden. In Ausnahmefällen oder in kleineren Unternehmen kann der Projektauftraggeber zugleich auch die Rolle des internen Projektleiters wahrnehmen.

Zu den konkreten Aufgaben und Funktionen im Rahmen der Consulting Governance zählen etwa:

- Bestimmung der Rolle des internen Projektleiters, Definition dessen Aufgaben und Funktionen;
- Festlegung der Projektziele, Strategien und Prioritäten;
- Definition von Milestones im Beratungsprojekt;
- Vereinbarungen zur Consulting Governance intern und extern (mit dem Berater);
- Definition von strategischen Projekt- und Budgetentscheidungen;
- Definition des strategischen Projektcontrolling;
- Definition der Evaluationskriterien und Zielen des Beratungsprojekts, Festlegung der Formen der Evaluation;
- Bestimmung der Koordinationsfunktion nach innen und außen;
- Bestimmung der Eskalationsstufen und -maßnahmen im Konfliktfall.

2.3.1.2 Steuerungsgremium, Steering Committee, Lenkungsausschuss, Review Board

Auch für diese Funktion gibt es verschiedene Bezeichnungen. Dieses Gremium wird immer dann notwendig, wenn es die Komplexität des Beratungsprojekts erfordert. Das wird vor allem dann häufig der Fall sein, wenn das Projekt in seinen Auswirkungen mehrere Organisationsbereiche betrifft und der Projektauftraggeber diese in die Entscheidungsprozesse einbeziehen möchte oder es die interne Governance so vorsieht. Als Rolle und Aufgabe dieses Gremiums werden die Entscheidungen spezifiziert, die dieses Gremium zu treffen hat. Dabei wird auch die Entscheidungsmechanik bestimmt, ob etwa Mehrheitsentscheidungen oder nur konsensuale Entscheidungen möglich sind. Dieses Gremium wird auch wichtige Zwischenergebnisse abnehmen, Milestone-Entscheidungen treffen und auch über das Ergebnis des Gesamtprojekts entscheiden. Diese jeweiligen inhaltlichen Entscheidungsschritte sind in der Consulting Governance festzuhalten. Es werden also Informations- und Entscheidungsfunktionen definiert. Der Projektauftraggeber wird Mitglied dieses Gremiums sein und in der Regel auch den Vorsitz führen. Als weitere Mitglieder kann auch der interne und externe Projektleiter bestimmt werden sowie ein Repräsentant des Beratungsunternehmens auf Partnerebene. Die letztgenannten Rollen werden allerdings in der Regel ohne Stimmrecht teilnehmen.

2.3.1.3 Sounding Board

Das „Sounding Board" wird fallweise als ein zusätzliches Gremium installiert. Dieses Gremium besitzt in der Regel keine hierarchische Entscheidungsmacht. Es kann aber bei Beratungsprojekten wichtig sein, diese durch verschiedene, vor allem interne Repräsentanten des Unternehmens, begleiten zu lassen. Dies erscheint angeraten etwa bei Projekten, die lange dauern, bei denen Gerüchte die Runde in der Belegschaft machen können oder bei denen die Stimmung bezüglich des Beratungsprojekts bei bestimmten Rollen und Funktionsträgern wichtig ist. Diese Stimmungen können dann möglicherweise in ein anderes Gremium weitergetragen und berücksichtigt werden (etwa ein vorhandenes Steuerungsgremium).

2.3.1.4 Projektleiter

Der interne Projektleiter koordiniert das Projekt, besitzt eine Entscheidungs- und Weisungsbefugnis gegenüber internen Teammitgliedern im Rahmen des definierten Auftrags. Er koordiniert das Projekt mit dem externen Projektleiter (Berater) und sichert die Ressourcen, um das Projekt planmäßig durchführen zu können. Diesen Auftrag zu definieren ist die Aufgabe der Consulting Governance.

2.3.1.5 Projektteam

Das interne Projektteam wird im Rahmen der Consulting Governance als Rolle definiert und deren Mitwirkung im Rahmen der Organisation bestimmt (Unterstellung, Ressourceneinsatz, Verfügbarkeit). Die konkreten Mitglieder werden in der Regel vom Projektleiter ausgewählt und vom Steuerungsgremium genehmigt. Der konkrete Besetzungsprozess obliegt nicht mehr der Consulting Governance, das Verfahren und etwa Regelungen bei Unstimmigkeiten schon.

2.3.1.6 Projektmitarbeiter

Projektmitarbeiter werden fallweise zur Mitwirkung in einem Projekt hinzugezogen. Dabei geht es vor allem um das Einbringen von Informationen und Know-how, die für den Fortgang des Projekts notwendig sind. Sie sind nicht reguläre Mitglieder des Projektteams. Die Consulting Governance regelt, ob es diese Mitarbeiter im Beratungsprozess gibt und wie über deren Verfügbarkeit von wem bestimmt werden kann.

2.3.2 Strukturen beim Berater

Beim Beratungsunternehmen wird es weitaus weniger unterschiedliche Rollen geben. Auch dies wird vor allem von der Komplexität des Projekts, vor allem auch von der Größe und der internen Ausdifferenzierung von Funktionen beim Beratungsunternehmen abhängen. Bei den weitaus meisten Beratungsunternehmen handelt es sich um sogenannte Ein-Personen-Unternehmen, da wird der Berater zugleich der Eigentümer des Unternehmens sein. Bei größeren Beratungsgesellschaften wird es allerdings unterschiedliche Rollen geben, etwa:

* Partner/Principal,
* Senior Berater (Consultant),
* Berater (Consultant),
* Junior Berater (Consultant).

Der Partner wird bei großen Projekten häufig als Repräsentant in ein Steuerungsgremium eingeladen. Ein Seniorberater wird die Rolle des (externen) Projektleiters wahrnehmen und das (externe) Projektteam, bestehend aus den Beratern und den Juniorberatern anleiten. Der Projektleiter wird sich mit dem internen Projektleiter abstimmen und auch gegebenenfalls an den Projektauftraggeber unmittelbar berichten.

Diese Rollen und Funktionen im Beratungsprojekt gilt es, in der Consulting Governance festzulegen und zu bestimmen.

2.3.3 Gemeinsame Strukturen

In der Consulting Governance gilt es nun, auch die Koordination des Beratungsprojekts mit den jeweiligen Rollen und Aufgaben festzulegen. Sie orientieren sich dabei an den oben getroffenen Sachverhalten. Vor allem gilt es hier, zusätzlich festzulegen, wie Informations- und Kommunikationswege gestaltet werden sollen und wie die Koordination von Entscheidungsprozessen stattzufinden hat. Ein wichtiger Punkt zur Regelung innerhalb der Consulting Governance betrifft das Verhalten bei Konflikten. Hier sind die Eskalationsstufen und die damit zu beauftragenden Rollen oder Gremien festzulegen, die mit der Problemlösung zu beauftragen sind und wie die Entscheidungsbefugnisse ausgestattet sind. Darüber sollte absolute Klarheit bestehen.

Die Bestimmung von Rollen und Funktionen, die innerhalb von Beratungsprojekten zum Einsatz kommen, betreffen drei Bereiche: den Kunden, den Berater und die gemeinsame Zuständigkeit im Projekt. Eine adäquate Bestimmung ist erfolgskritisch und zunächst von konkreten Personen unabhängig.

2.4 Good Practice

Die Prozesse und Strukturen dienen einer klaren und der Transparenz verpflichteten Systematik. Auch hier gilt, nicht zu verkomplizieren und auch nicht zu übersimplifizieren. Alles, was vorab geregelt werden kann, dient der reibungslosen Zusammenarbeit und minimiert unterschiedliche, eventuell sogar divergierende Erwartungshaltungen. Wesentlich zu beachten ist an dieser Stelle, dass wir zwar von einer Consulting Governance sprechen, es aber in der Regel drei unterschiedliche geben wird (vgl. hierzu auch die Abb. 1.2). Es wird die Consulting Governance des

- Unternehmens,
- Beraters und
- der gemeinsamen Zuständigkeit für kollaborative Aktivitäten geben,

wie zuvor bei den Strukturen aufgezeigt. Denn die Consulting Governance des Kunden fängt bereits an zu wirken, bevor überhaupt ein Berater engagiert wurde. Sie regelt vielmehr den Prozess bis dahin, ebenso sind klassischerweise die Phasen nach der Erledigung des Beratungsprojekts wieder in der einzelnen Verantwortung des jeweiligen Partners.

Die Verbindung der verschiedenen Prozesse mit den jeweiligen Strukturen findet sich in der Abb. 2.4.

> Visualisierungen der Phasen und Strukturen (etwa als übersichtliche Roadmaps neben den detaillierten Projektplänen) helfen bei der Transparenz des Projekts. Ebenso empfiehlt sich das Arbeiten mit sogenannten Canvas,[1] die eine schnelle Übersicht über das Projektgeschehen ermöglichen. Beide Werkzeuge unterstützen die jeweilige Consulting Governance.

Prozesse	Strukturen (ohne Zuordnung zu Prozessen)	
Grundsätzliche Zielsetzung	Projektauftraggeber	Steering Committee
Anforderungsprofil definieren		
Ausschreibung des Projektes		
Beraterauswahl	Projektleiter (intern)	Sounding Board
Vertragsabschluss		
Projekt-Governance / Struktur einrichten		
Projektstart (Kick-Off)	ProjektTeam	Projektmitarbeiter
Projekt durchführen		
Lösung implementieren		
Lösung abnehmen	Projektleiter (extern)	BeraterTeam (extern)
Projekterfolg evaluieren		
Lessons Learned (Debriefing)		

Abb. 2.4 Prozesse und Strukturen

[1] Hier kann etwa auf Bertagnolli et al. (2018) und auf Herget (2022) verwiesen werden.

Die Consulting Governance ersetzt keinesfalls eine detaillierte Projektplanung und das Projektmanagement. Hier kommt natürlich Kick-off-Meetings, Teambildung und auch regelmäßigen Feedbackrunden im Rahmen des Projekts eine wichtige Rolle zu. Die Consulting Governance kann hier nur Hinweise zur Etablierung solcher Events geben.

2.5   Key Points

Für Berater

1. Klar abgestimmte Phasen erleichtern den Einsatz von Methoden und Instrumenten im Rahmen von Beratungsprojekten.
2. Die jeweiligen Phasen sollten mit konkreten Inhalten und Koordinationsaktivitäten bestimmt sein.
3. Die Projektstrukturen beim Kunden zu verstehen und gegebenenfalls zu unterstützen und in diesen mitzuwirken bewährt sich in der Praxis. Der Berater sollte sich hier aktiv einbringen.
4. Der Berater sollte dem Kunden auch klare eigene Strukturen dokumentieren und diese kommunizieren.

Für Kunden

1. Definierte Phasen mit jeweiligen Inhalten erleichtern die Planung von Beratungsprojekten.
2. Es ist wichtig, die richtigen Projektstrukturen aufzusetzen und mit den nötigen Kompetenzen auszustatten.
3. Der Berater sollte in den jeweiligen internen Projektstrukturen mitbedacht werden, um etwa die Kommunikation im Projekt über das Tagesgeschehen hinaus sicherzustellen und mögliche Schwierigkeiten vor ihrem Durchschlagen zu diskutieren.
4. Bei den gemeinsamen Strukturen sollte Offenheit und Vertrauen durch den Kunden vorherrschen, das steigert die konstruktive Zusammenarbeit im Projekt.

Literatur

Bertagnolli, F., Bohn, S., & Waible, F. (2018). *Change Canvas. Strukturierter visueller Ansatz für Change Management in einem agilen Umfeld.* Springer Gabler.

Herget, J. (2022). Trends der Unternehmensberatung – Mit systematischen Werkzeugen am Puls der Zeit bleiben. In R. Bodenstein, I. A. Ennsfellner & J. Herget (Hrsg.) (2022), *Exzellenz in der Unternehmensberatung. Beratungsprojekte erfolgreich durchführen – Leitlinien für Unternehmen und Berater.* Springer Gabler.

3

Governance by Design: Elemente und Prozesse

Zusammenfassung Was sind nun die Themen, die im Rahmen der Consulting Governance behandelt werden? In diesem Kapitel listen wir diese Themen auf, erläutern die Hintergründe und den Bezug zur Praxis. Das heißt nicht, dass alle Themen in jedem Projekt zu regeln sind, aber die Entscheidung darüber sollte bewusst getroffen werden und zwischen Berater und Kunden vereinbart werden. Durch die Zuordnung der konkreten Umsetzung im zeitlichen Ablauf wird auch klar, dass die Regelungen zur Consulting Governance in den gesamten Projektverlauf einfließen. Schon bei den ersten Ideen zum Projekt wird das Fundament für das adäquate Regelwerk gelegt. Die organisatorische Betroffenheit stellen wir unter Berücksichtigung der Teilsysteme (Beratersystem, Kundensystem sowie Beratungssystem) beispielhaft in einer Governance-Matrix dar. Die jeweils konkrete Umsetzung ist abhängig vom Projektziel sowie von den konkreten Rahmenbedingungen.

Das augenscheinlichste Kriterium, um zu erkennen, wann ein Beratungsprojekt erfolgreich war, ist, ob das Projektziel erreicht wurde. Für Unternehmen ist es aber immer wichtiger, dass bestimmte Rahmenbedingungen

R. Bodenstein, J. Herget, *Consulting Governance*, Beratung im Fokus, https://doi.org/10.1007/978-3-662-65299-2_3

erfüllt werden, die sowohl intern als auch extern wirken. Die ausschließliche Orientierung an gesetzlichen Vorgaben sind dabei längst nicht mehr ausreichend. Welche Kriterien das sind und in welchem Ausmaß sie erfüllt werden, wird dabei zwischen Kunden und Berater vereinbart.

Governance erhebt einen ganzheitlichen Anspruch. Das heißt, dass alle relevanten Aspekte eines Projekts zu regeln sind. Was würde z. B. die Einhaltung des Zeitplans bringen, wenn gleichzeitig das Werteverständnis des Auftraggebers nicht eingehalten wird? Oder wenn zwar die vereinbarten Ressourcen zur Verfügung gestellt werden, aber gleichzeitig die Vertraulichkeit nicht eingehalten wird?

Die konkreten Definitionen werden je Projekt gemeinsam zwischen Auftraggeber und Auftragnehmer vorgenommen und können von einer simplen Feststellung, dass ein Themengebiet für das Projekt nicht relevant ist, bis zu detaillierter Ausarbeitung reichen.

3.1 Elemente der Consulting Governance

Bei der Definition der Elemente orientieren wir uns am Internationalen Standard für Unternehmensberatungsdienstleistungen ISO 20700.[1]

Neben den drei Phasen Auftragsphase, Durchführungsphase und Abschlussphase definiert der Standard 12 Leitlinien zu den wichtigsten Themen (Abb. 3.1).

Die einzelnen Elemente können nicht generell gewichtet werden. Es gibt keine vordefinierte höherwertige und nachgeordnete Bedeutung. Diese Gewichtung wird zwischen Auftraggeber und Dienstleister vereinbart und variiert daher von Projekt zu Projekt.

Die 12 Elemente der Consulting Governance werden im Folgenden ausgeführt.

---

[1] In diesem Kapitel wird auf den ISO Standard 20700 „Dienstleistungen der Unternehmensberatung" verwiesen, diese wird hier einmalig referenziert. Die weiteren im Text angeführten Zitate beziehen sich auf diese Norm.

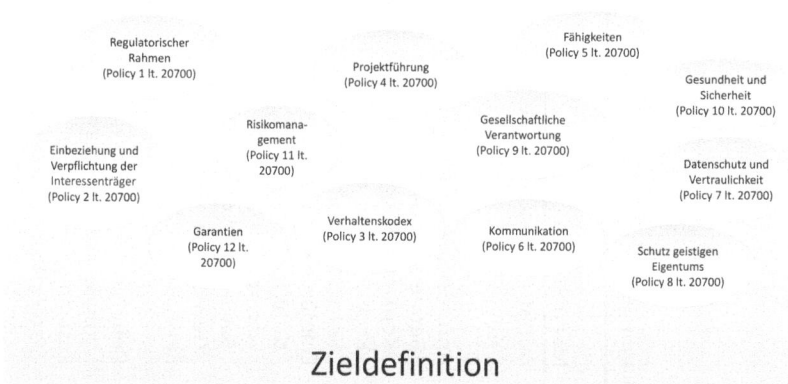

Zieldefinition

Abb. 3.1 Elemente der Consulting Governance

3.1.1 Regulatorischer Rahmen

Die Einhaltung geltender Gesetze muss nicht gesondert vereinbart werden, sondern ist selbstverständlich. Trotzdem sollte klar sein, in welchem regulatorischen Rahmen das Projekt angesiedelt ist und welche Gesetze unmittelbare Auswirkungen auf die Projektumsetzung haben können (vgl. Tab. 3.1). Dadurch soll einerseits ein Bewusstsein aufseiten der Berater zu den Rahmenbedingungen geschaffen werden, anderseits müssen möglicherweise entsprechende Know-how-Träger im Projekt zur Verfügung gestellt werden.

Beispielhafte Überlegungen dazu können wie folgt genannt werden:

- Geltendes Regelwerk zu Ausschreibung von Beratungsleistungen
- Nationaler-/Internationaler Bezug
- Allgemeine Gesetze wie Datenschutzrichtlinien, Konsumentenschutz oder Steuergesetze
- Spezifische regulatorische Rahmenbedingungen, die sich aus dem Geschäftsfeld des Unternehmens ergeben. Davon sind insbesondere Branchen wie Finanzdienstleistungen, Betreiber von Infrastruktur oder spezifische Industrien betroffen
- Arbeitsrechtliche Bestimmungen

Tab. 3.1 Consulting-Governance-Matrix für das Element „Regulatorische Rahmenbedingungen"

Prozess	Berater	Kunde + Berater	Kunde	Operationalisierung	Manifestation
Grundsätzliche Zielsetzung			X	Geltender rechtlicher Rahmen, unternehmensspezifische Betroffenheit	Auflistung Regularien, relevante Standards
Anforderungsprofil definieren			X	Kritisches Know-how anführen	Anforderungsprofil in Beratersuche/Ausschreibung mit Konkretisierung der Rechtsmaterie, nationaler Kontext
Ausschreibung des Projekts			X	Bezug zu Ausschreibungsrichtlinien	Empfängerkreis, allgemeine Kriterien, inhaltliche Anforderungen, Bewertungskriterien mit Gewichtung
Beraterauswahl			X	Bewertung des verfügbaren kritischen Know-hows	Bewertungsmatrix
Vertragsabschluss		X		Relevanten regulatorischen Rahmen anführen	Definition der Verantwortung (kundenseitig/beraterseitig)
Projekt-Governance/ Struktur einrichten		X		Relevante Know-how-Träger in Projektstrukturen definieren	Zusammensetzung der Projektteams, Steering Comittee, Projektleitung

Phase			Anmerkung
Projektstart (Kick-off)			
Projekt durchführen	X		Periodische Zwischenberichte
Lösung implementieren			
Lösung abnehmen		X	Unter Berücksichtigung der Relevanz zu regulatorischen Rahmenbedingungen
Projekterfolg evaluieren	X	X	Unter Berücksichtigung der Relevanz zu regulatorischen Rahmenbedingungen
Lessons Learned (Debriefing)	X	X	Unter Berücksichtigung der Relevanz zu regulatorischen Rahmenbedingungen

Auch wenn die Betroffenheit von regulatorischen Rahmenbedingungen in der Auftragsphase festgelegt wird, so kann sich diese Betroffenheit im Projektverlauf ändern. Es sind daher entsprechende Mechanismen vorzusehen, die Änderungen frühzeitig erkennen.

Bei Projekten mit einem geringeren Komplexitätsgrad kann von Berater und Auftraggeber erwartet werden, dass sie über das notwendige Know-how verfügen. Bei komplexeren Projekten müssen entsprechende Know-how-Träger eingebunden werden.

3.1.2 Entscheidungsträger, Umsetzer und Betroffene

Unternehmen agieren nicht im isolierten Raum. Mitarbeiter, Eigentümer, Kunden und Lieferanten sind fast immer unmittelbar betroffen. Aber auch im weiteren Umfeld eines Unternehmens gibt es Betroffene wie z. B. Anrainer oder die Umwelt im Allgemeinen. Diese Stakeholder sollten im Rahmen eines Projekts definiert werden. Diese Definition besteht neben der eigentlichen Benennung auch aus der Klärung der Rolle im Projekt und dem Zugang zu Informationen und die Festlegung der Kommunikation (vgl. Tab. 3.2).

Im Anhang B des ISO Standards 20700 werden beispielhaft folgende typische Interessenträger aufgelistet, deren Betroffenheit zu definieren ist:

- Klienten
- Empfänger
- Öffentlichkeit
- Unternehmensberatungen
- Unternehmensberater
- Hochschulen
- gemeinnützige Körperschaften
- Umfeld
- Lieferanten
- Regierungen
- Gewerkschaften
- Managementberatungskammern und -verbände
- Aktionäre

Tab. 3.2 Consulting-Governance-Matrix für das Element „Einbindung der Interessenträger"

Prozesse	Berater	Kunde + Berater	Kunde	Operationalisierung	Manifestation
Grundsätzliche Zielsetzung			X	Definition möglicher Interessenträger und Klärung der konkreten Betroffenheit	Liste der Interessenträger
Anforderungsprofil definieren					
Ausschreibung des Projekts					
Beraterauswahl					
Vertragsabschluss		X		Relevante Kommunikation festhalten	Konkrete Kommunikationsprozesse in Zusatzvereinbarung festhalten
Projekt-Governance/ Struktur einrichten		X		Einbindung relevanter Interessenträger in Projektstrukturen definieren	Zuordnung Kommunikation zu Milestones
Projektstart (Kick-off)		X		Unter Einbindung der relevanten Interessenträger	
Projekt durchführen		X		Periodische Zwischenberichte zur Betroffenheit relevanter Stakeholder	
Lösung implementieren					
Lösung abnehmen			X		
Projekterfolg evaluieren			X		
Lessons Learned (Debriefing)	X		X	Unter Berücksichtigung der Einbindung relevanter Interessenträger	Zusatzvereinbarung laut Vertrag laufend evaluieren und gegebenenfalls anpassen

- Investoren
- Personal des Klienten
- Drittparteien
- zukünftige Generationen

Die Frage, wer von einem Beratungsprojekt betroffen ist und wie diese Betroffenheit aussieht, stellt sich auch bei kleinen Unternehmen. Der Projekterfolg ist oft entscheidend von der Behandlung von Widerständen im Unternehmen abhängig, die wiederum mit einer rechtzeitigen Einbindung verhindert werden können. Dabei muss „rechtzeitig" nicht gleichbedeutend mit „frühzeitig" sein. Dem Management der Kommunikation zu den Stakeholdern kommt daher eine wesentliche Bedeutung über das gesamte Projekt zu.

Die Berücksichtigung der Stakeholderinteressen muss von allen Projektmitarbeitenden wahrgenommen werden.

3.1.3 Gemeinsame Ziele – gemeinsame Werte

Wissensbasierte Dienstleistungen sind zu einem hohen Ausmaß von den handelnden Personen abhängig. Ein gemeinsames Verständnis von ethischen Leitlinien bzw. Werten von Beratungsunternehmen ist ein wesentlicher Baustein für die reibungslose Zusammenarbeit im Team. Daher sollten Beratungsunternehmen ihren Verhaltenscodex nicht nur nach innen leben, sondern auch ihren Kunden gegenüber transparent machen (vgl. Tab. 3.3). Auch wenn sich diese Werte nicht von Projekt zu Projekt ändern, sollten mögliche Auswirkungen auf den Projektablauf bzw. die Erreichung des Projektziels mit dem Kunden diskutiert werden.

Im ISO Standards 20700 werden folgende zentrale Themen genannt, die im Verhaltenscodes von Beratungsunternehmen behandelt werden sollten:

- professionelles Verhalten
- Nachhaltigkeit
- gesellschaftliche Verantwortung
- Interessenkonflikt
- Integrität

Tab. 3.3 Consulting-Governance-Matrix für das Element „Ethische Grundsätze"

Prozesse	Kunde + Berater	Berater	Kunde	Operationalisierung	Manifestation
Grundsätzliche Zielsetzung					
Anforderungsprofil definieren					
Ausschreibung des Projekts					
Beraterauswahl		X		Information des Kunden zum Code of Conduct, gegebenenfalls Diskussion	Code of Conduct, Offenlegung möglicher Interessenkonflikte.
Vertragsabschluss			X	Bezug auf Code of Conduct	Vertragsbestimmung mit konkretem Bezug auf Code of Conduct (Version, Datum). Gegebenenfalls notwendige Erklärungen der handelnden Personen zu kritischen Themen wie Geheimhaltung, Interessenkonflikt, etc.
Projekt-Governance/ Struktur einrichten		X		Prüfung auf Relevanz des Code of Conduct	
Projektstart (Kick-off)					
Projekt durchführen		X		Prüfung auf Relevanz des Code of Conduct	Bei Änderung der Teammitglieder gegebenenfalls Erklärungen zu kritischen Themen wie Geheimhaltung, Interessenkonflikt, etc. nachreichen

(Fortsetzung)

Tab. 3.3 (Fortsetzung)

Prozesse	Berater	Kunde + Berater	Kunde	Operationalisierung	Manifestation
Lösung implementieren	X			Prüfung auf Relevanz des Code of Conduct	Bei Änderung der Teammitglieder gegebenenfalls Erklärungen zu kritischen Themen wie Geheimhaltung, Interessenkonflikt, etc. nachreichen
Lösung abnehmen					
Projekterfolg evaluieren					
Lessons Learned (Debriefing)					

Dieses Element ethische Grundsätze betrifft längst nicht mehr nur große Auftraggeber bzw. Auftragnehmer. Immer mehr kleinere Beratungsunternehmen bekennen sich zu ihrem Verhaltenscodex bzw. zu einem Verhaltenscodex von Berufsverbänden. Auch für Auftraggeber ist das Verständnis ihrer Auftragnehmer auch bei kleineren Projekten wichtig.

Im Zuge der Projektdurchführung ändern sich üblicherweise zwar nicht die Werte, allerdings können sich im Projektablauf Auswirkungen ergeben, die zwischen Auftragnehmer und Auftraggeber zu klären sind.

3.1.4 Projektführung

Eine adäquate Projektorganisation und Projektstruktur sind essenzielle Bestandteile für eine erfolgreiche Projektdurchführung. Abhängig von Projektumfang aber auch weiteren Rahmenbedingungen sollen im organisatorischen Regelwerk Aspekte wie

- Managementstruktur,
- Meilensteine,
- Kommunikation,
- Richtlinien,
- Eskalationsprozesse,
- zeitliche Vorgaben,
- Abhängigkeiten einzelner Umsetzungsschritte,
- Changemanagement,
- etc.

definiert werden (vgl. Tab. 3.4).

Die konkreten Ausprägungen dieser Definitionen können sehr umfangreich sein. Häufig sind diese Definitionen auch Teil des Vertragswerks. Auch wenn bei kleineren Projekten die Struktur und Organisation sehr gering ausgeprägt sind, so liegen sie doch vor und sollten entsprechend vereinbart werden.

Tab. 3.4 Consulting-Governance-Matrix für das Element „Projektführung"

Prozess	Berater	Kunde + Berater	Kunde	Operationalisierung	Manifestation
Grundsätzliche Zielsetzung Anforderungsprofil definieren			X	Einbindung möglicher relevanter Stakeholder	
Ausschreibung des Projekts			X	Vorgabe der Rahmenbedingungen für die Projektführung mit Verweis auf Bedeutung und Flexibilität	Managementstruktur, Meilensteine, Kommunikation, Richtlinien, Eskalationsprozesse, zeitliche Vorgaben, Abhängigkeiten einzelner Umsetzungsschritte, Changemanagement
Beraterauswahl			X	Bewertung des Commitments zu den vorgegebenen Rahmenbedingungen bzw. Alternativvorschläge dazu	Bewertungsmatrix
Vertragsabschluss	X			Definition der vereinbarten Projektführung	Zusatzvereinbarung zum Vertrag
Projekt-Governance/ Struktur einrichten	X			Konkrete Einrichtung der vereinbarten Projektstrukturen	
Projektstart (Kick-off)	X			Information der relevanten Stakeholder über die Vereinbarungen zur Projektführung	Kick-off-Meeting

Projekt durchführen	X		Umsetzung der vereinbarten Projektführung	Fortschrittsberichte, Eskalationsprozesse, Abnahme von Meilensteinen, Changemanagement, Projektmeetings
Lösung implementieren	X		Umsetzung der vereinbarten Projektführung	Fortschrittsberichte, Eskalationsprozesse, Abnahme von Meilensteinen, Changemanagement, Projektmeetings
Lösung abnehmen		X	Auf Basis der Meilensteinberichte, in Abstimmung mit der Projektstruktur	
Projekterfolg evaluieren		X	Auf Basis der Meilensteinberichte, in Abstimmung mit der Projektstruktur	
Lessons Learned (Debriefing)	X	X	Unter Berücksichtigung der vereinbarten Projektführung	

Die Implementierung von Consulting Governance bewirkt auch spezifische Anforderungen an die Projektführung, die im Kap. 4 behandelt werden.

Während der Projektdurchführung sollten sich die Definitionen der Projektstrukturen nicht ändern. Allerdings können Änderungen im Zeitplan oder in der Definition von Meilensteinen notwendig werden.

3.1.5 Fähigkeiten, Kompetenzen und Wissen: die entscheidenden Ressourcen

Projekte stellen für Unternehmen eine zusätzliche Belastung dar, für die die notwendigen Ressourcen erst geschaffen werden müssen. Dabei können Ressourcen unter anderem

- Kapital,
- Kapazitäten im technologischen oder räumlichen Sinn,
- Mitarbeiter

betreffen.

Erschwerend kommt hinzu, dass Projekte besonders hohe Anforderungen an die Ressourcen stellen. Für eine erfolgreiche Projektumsetzung werden die besten Mitarbeiter und die leistungsfähigsten Kapazitäten benötigt. Daher kommt der Planung des Ressourceneinsatzes insbesondere in Bezug auf die Mitarbeiter eine hohe Bedeutung zu. Die verbindliche Einhaltung dieser Planung bzw. das rechtzeitige Management bei Abweichungen sind besonders bei großen Projekten kritische Erfolgsfaktoren.

Die Bereitstellung der erforderlichen Ressourcen betrifft beide Vertragspartner. Für die Planung der Ressourcen seitens der Auftraggeber als auch der Auftragnehmer müssen daher die konkreten Anforderungen adäquat definiert werden. Neben den Leistungsmerkmalen bei Kapazitäten sind dies die Kompetenzen und das Know-how bei den Mitarbeitern (vgl. Tab. 3.5).

Tab. 3.5 Consulting-Governance-Matrix für das Element „Ressourcenmanagement"

Prozess	Berater	Kunde + Berater	Kunde	Operationalisierung	Manifestation
Grundsätzliche Zielsetzung			X	Identifikation möglicher kritischer Ressourcen und laufende Evaluierung	
Anforderungsprofil definieren			X	Beschreibung der erwarteten Ressourcen, die durch den Berater bereitgestellt werden müssen, Verfügbarkeit von Ressourcen seitens des Auftraggebers.	Beschreibung des erforderlichen Know-hows sowie der geschätzten Kapazitäten. Beschreibung notwendiger Ausstattung (Maschinen, IT, Software, etc.)
Ausschreibung des Projekts			X	Vorgabe der erforderlichen Ressourcen mit Verweis auf Bedeutung und Flexibilität	
Beraterauswahl			X	Bewertung der verfügbaren Ressourcen bzw. Alternativvorschläge dazu	Bewertungsmatrix
Vertragsabschluss		X		Konkrete Planung der Bereitstellung der vereinbarten Ressourcen	Zusatzvereinbarung zum Vertrag
Projekt-Governance/ Struktur einrichten		X		Zuordnung der Ressourcen zu den Projektstrukturen	

(Fortsetzung)

Tab. 3.5 (Fortsetzung)

Prozess	Berater	Kunde + Berater	Kunde	Operationalisierung	Manifestation
Projektstart (Kick-off)		X		Information der relevanten Stakeholder über die bereitgestellten Ressourcen	Kick-off-Meeting
Projekt durchführen		X		Bereitstellung der Ressourcen laut Planung	
Lösung implementieren		X		Bereitstellung der Ressourcen laut Planung	
Lösung abnehmen					
Projekterfolg evaluieren					
Lessons Learned (Debriefing)	X	X	X	Unter Berücksichtigung der Effizienz der eingesetzten Ressourcen	

Die Planung der Ressourcen hat unmittelbare Auswirkungen auf den Komplexitätsgrad von Projekten. Je mehr Ressourcen benötigt werden, desto komplexer sind Projekte.

3.1.6 Kommunikation findet statt. Immer

Der Satz „Man kann nicht nicht kommunizieren" gilt für die Kommunikation in kleinen Gruppen genauso wie in Bezug auf Beratungsprojekte. Zusätzlich gilt: Projekte im Allgemeinen und Beratungsprojekte im Besonderen sind häufig mit Veränderungsprozessen in Unternehmen verbunden. Mit Bezug auf die jeweilige persönliche Betroffenheit werden sie daher oft kritisch hinterfragt. Schon die Frage, wann betroffene Stakeholder über den Umstand, dass ein Projekt gestartet wird, informiert werden, ist daher gut zu überlegen. In der Konzeptionsphase kann es durchaus sein, dass eine Projektidee wieder verworfen wird oder in einem völlig neuen Kontext zu sehen ist. Werden z. B. Mitarbeiter zu früh informiert, könnte unnötige Unruhe geschaffen werden. Erfolgt die Information zu spät, könnten sich Mitarbeiter benachteiligt fühlen und Widerstände aufbauen, die erst wieder mühsam abgebaut werden müssen.

Die Kommunikation muss daher schon in der Konzeptionsphase berücksichtigt werden und unter anderem folgende Fragen behandeln:

- Welche Stakeholder sind vom Projekt betroffen?
- Wann erfolgt die Kommunikation zu den Stakeholdern?
- Über welche Inhalte werden die jeweiligen Stakeholder informiert?
- Wer und in welcher Form wird informiert?

Die richtige Kommunikationsstrategie wird aber nicht nur von der Art des Projekts beeinflusst, sondern auch von der spezifischen Unternehmenskultur.

Die Kommunikation ist über den gesamten Projektverlauf in der Planung zu berücksichtigen. Oft ist sie mit der Erreichung von Meilensteinen verbunden bzw. stellt sie selbst einen Meilenstein dar (vgl. Tab. 3.6).

Die Bedeutung der Kommunikation ist direkt abhängig vom Komplexitätsgrad des Beratungsprojekts.

3.1.7 Verarbeitung von Daten erfordert Verantwortung

Die Durchführung von Beratungsprojekten selbst, aber auch die Umsetzung der Ergebnisse sind heute ohne die automatisierte Verarbeitung von Daten nicht mehr vorstellbar. Dabei sollten aber auch jene Daten, die nicht verarbeitet, sondern „nur" veröffentlich werden, in die Regelungen im Rahmen der Consulting Governance einfließen (vgl. Tab. 3.7). Beispielhaft sollten in diese Regelungen durch Auftraggeber und Auftragnehmer folgende Überlegungen angestellt werden:

Tab. 3.6 Consulting-Governance-Matrix für das Element „Kommunikation"

Prozess	Berater	Kunde	Kunde + Berater	Operationalisierung	Manifestation
Grundsätzliche Zielsetzung		X		Vereinbarung zur Vertraulichkeit der Überlegungen im Rahmen der Konzeptionsphase mit allen beteiligten Personen	
Anforderungsprofil definieren					
Ausschreibung des Projekts		X		Klarstellung der Vertraulichkeit vor Übergabe der Ausschreibungsunterlagen. Gegebenenfalls Anonymisierung in einzelnen Phasen der Ausschreibung.	Vertraulichkeitserklärung
Beraterauswahl					
Vertragsabschluss			X	Konkrete Kommunikationsrichtlinien in Abstimmung zum Projektverlauf (Meilensteine)	Zusatzvereinbarung zum Vertrag
Projekt-Governance/ Struktur einrichten					
Projektstart (Kick-off)			X	Information der relevanten Projektstrukturen und Mitarbeiter	Kick-off-Meeting
Projekt durchführen			X	Einhaltung der Kommunikationsrichtlinien	
Lösung implementieren					
Lösung abnehmen					
Projekterfolg evaluieren					
Lessons Learned (Debriefing)	X	X	X	Unter Berücksichtigung der vereinbarten Kommunikationsrichtlinien	

Tab. 3.7 Consulting-Governance-Matrix für das Element „Datenschutz und Vertraulichkeit"

Prozess	Berater	Kunde + Berater	Kunde	Operationalisierung	Manifestation
Grundsätzliche Zielsetzung			X	Mögliche Relevanz von der Verarbeitung vertraulicher Daten bzw. personenbezogener Daten evaluieren	
Anforderungsprofil definieren			X	Erforderliches Know-how über Anonymisierung von Daten in das Anforderungsprofil aufnehmen	Beschreibung der Datenstruktur und Datenmengen relevanter Daten zur Abschätzung einer Vorgangsweise zur Anonymisierung
Ausschreibung des Projekts Beraterauswahl			X	Bewertung des relevanten Know-hows bzw. Strategien zur sicheren Verarbeitung und gegebenenfalls Anonymisierung	Bewertungsmatrix
Vertragsabschluss		X		Konkrete Verarbeitungsrichtlinien von Daten, gegebenenfalls mit Bezug auf DSGVO	Zusatzvereinbarung zum Vertrag. Vereinbarung zur Auftragsverarbeitung von Daten lt. DSGVO
Projekt-Governance/ Struktur einrichten Projektstart (Kick-off)					

(Fortsetzung)

Tab. 3.7 (Fortsetzung)

Prozess	Berater	Berater + Kunde	Kunde	Operationalisierung	Manifestation
Projekt durchführen		X		Einhaltung der Richtlinien zur Verarbeitung von Daten	Gegebenenfalls Berichte über die Verarbeitung von Daten bzw. dass Daten von der IT-Infrastruktur des Beraters gelöscht wurden.
Lösung implementieren		X		Einhaltung der Richtlinien zur Verarbeitung von Daten	
Lösung abnehmen					
Projekterfolg evaluieren					
Lessons Learned (Debriefing)	X	X	X	Unter Berücksichtigung der vereinbarten Richtlinien zur Verarbeitung von Daten.	

- Sicherstellung der Vertraulichkeit zum Beratungsprojekt. Hierzu wird oft zusätzlich zu den gesetzlichen Rahmenbedingungen eine Vertraulichkeitserklärung (Non-Disclosure Agreement – NDA) durch den Berater unterschrieben.
- Umgang mit personenbezogenen Daten im Rahmen der Projektdurchführung. Dabei gilt: Sofern möglich, sollten Daten nur anonymisiert durch das Unternehmen zur Verfügung gestellt werden.
- Sicherstellung von klaren Zugriffsregelungen wie z. B. durch Benutzerrechte, aber auch in eigens geschaffenen Datenräumen.
- Sicherstellung, dass die zur Verfügung gestellten Daten vollständig sind und der Kontext durch die Beratungsunternehmen erkennbar ist.
- Sicherstellung der Zustimmung beider Vertragspartner vor Veröffentlichung von Daten wie z. B. Referenzen.
- Sicherstellung der Vernichtung von Daten bzw. Aufhebung der Zugriffsrechte durch das Beratungsunternehmen nach Beratungsabschluss.
- Einfluss von Regulierungen zum Datenschutz (DSGVO) bereits in der Konzeptionsphase von Strategien wie z. B. neuen Geschäftsmodellen.
- Klarstellung, dass diese Verpflichtungen über die Beratungsdauer hinaus gelten.

Der sorgsame Umgang mit Daten gilt nicht nur über die gesamte Projektdauer, sondern gilt auch darüber hinaus. Mögliche Änderungen im Ablauf des Projekts können sich auch unmittelbar auf die Vereinbarungen zum Umgang mit Daten auswirken.

Bei kleineren Projekten genügen oftmals die gesetzlichen Rahmenbestimmungen und Vereinbarungen, die darüber hinaus gehen, müssen nicht getroffen werden.

3.1.8 Eigentum ist oft nicht greifbar

In vielen Beratungsprojekten bringen Unternehmensberater spezifisches Know-how ein. Dabei kann es sich um Daten oder Methoden handeln, wie z. B.:

- Beratungsmethoden,
- Daten wie z. B. Benchmarks, Reihenuntersuchungen,
- Geschäftsmodelle,
- Arbeitsmittel,
- Software.

Hierbei ist insbesondere zu beachten, dass dem Auftraggeber möglichst frühzeitig bewusst ist, dass das Beratungsunternehmen Eigentumsrechte geltend macht (vgl. Tab. 3.8). Die Grenzen zu üblichen Beratungstätigkeiten, die im Rahmen des Projekts erbracht werden und für die daher keine Eigentumsrechte geltend gemacht werden, sind oft fließend und die Differenzierung kann nicht vom Auftraggeber erwartet werden.

Im zeitlichen Ablauf ist diese Regelung der Consulting Governance im Rahmen der Vertragsgestaltung anzusiedeln. Eine Änderung im Projektverlauf ist nur dann zu erwarten, wenn sich im Zuge der Leistungserbringung eine wesentliche Änderung des Projektinhalts bzw. der zu erbringenden Beratungsleistungen ergibt. Auch in diesem Fall ist der Auftraggeber möglichst frühzeitig zu informieren.

Bei kleineren Projekten genügt eine einfache Klarstellung, dass keine Eigentumsrechte geltend gemacht werden, bei komplexen Projekten können umfangreiche Regelungen notwendig sein.

3.1.9 Gesellschaftliche Verantwortung in Beratungsprojekten

Zur Wahrung der gesellschaftlichen Verantwortung von Unternehmen stellt die Consulting Governance den notwendigen Rahmen zur Verfügung. Damit kommt der Consulting Governance eine weitere Bedeutung zu, die den Stellenwert insgesamt betont. Gesellschaftliche Verantwortung kann auch im Rahmen der Consulting Governance nur gesamthaft betrachtet werden (vgl. Tab. 3.9). Die bedingungslose Steigerung des Profits von Unternehmen, die oft auf Kosten der Mitarbeiter oder der Umwelt erreicht wurde, wird zunehmend kritisch gesehen. Consulting Governance darf dabei nicht als bewertende Instanz verstanden werden. Diese Bewertung erfolgt durch die Unternehmen. Con-

Tab. 3.8 Consulting-Governance-Matrix für das Element „Schutz geistigen Eigentums"

Prozess	Berater	Kunde + Berater	Kunde	Operationalisierung	Manifestation
Grundsätzliche Zielsetzung			X	Identifizierung möglicher Methoden, Arbeitsmittel, Daten, Lösungsansätze für die Eigentumsrechte, die geltend gemacht werden können.	
Anforderungsprofil definieren					
Ausschreibung des Projekts			X	Verweis darauf, dass Eigentumsrechte, die im Beratungsprojekt durch den Berater geltend gemacht werden können, zu nennen sind.	
Beraterauswahl			X	Unter Berücksichtigung von Software, Methoden, Daten, etc., für die Eigentumsrechte geltend gemacht werden.	Bewertungsmatrix unter Berücksichtigung der Kosten und dem Effekt auf das Beratungsprojekt.
Vertragsabschluss		X		Konkrete Auflistung von Software, Methoden, Daten, etc., für die Eigentumsrechte geltend gemacht werden mit Kosten und Ziel des Einsatzes	Zusatzvereinbarung zum Vertrag.

(Fortsetzung)

Tab. 3.8 (Fortsetzung)

Prozess	Berater	Kunde + Berater	Kunde	Operationalisierung	Manifestation
Projekt-Governance/ Struktur einrichten					
Projektstart (Kick-off)					
Projekt durchführen		X			Unter Einsatz der vereinbarten Software, Methoden, Daten, etc., für die Eigentumsrechte geltend gemacht werden.
Lösung implementieren					
Lösung abnehmen					
Projekterfolg evaluieren					
Lessons Learned (Debriefing)	X	X	X		Unter Berücksichtigung der Software, Methoden, Daten, etc., für die Eigentumsrechte geltend gemacht wurden.

sulting Governance stellt aber den Rahmen zur Verfügung, mit dem die Wahrnehmung der gesellschaftlichen Verantwortung sichtbar gemacht wird. Die konkrete Behandlung (oder Nicht-Behandlung) verschiedener Aspekte wird transparent gemacht.

Durch die konkrete projektspezifische Anwendung der Werte und Verhaltensregeln sowohl der Auftraggeber als auch der Auftragnehmer kann sichergestellt werden, dass ihre Inhalte abgeglichen werden und Widersprüche aufgelöst werden können. Diese Widersprüche können

Tab. 3.9 Consulting-Governance-Matrix für das Element „Gesellschaftliche Verantwortung"

Prozess	Berater	Kunde + Berater	Kunde	Operationalisierung	Manifestation
Grundsätzliche Zielsetzung			X	Identifizierung möglicher Aspekte gesellschaftlicher Verantwortung mit Relevanz für das Projekt.	Auflistung der Auswirkungen auf die konkreten Sustainable Development Goals (SDG) der Vereinten Nationen.
Anforderungsprofil definieren			X	Gegebenenfalls relevantes Know-how definieren.	
Ausschreibung des Projekts			X	Verweis auf Corporate-Social-Responsibility-Richtlinien des Unternehmens und die Auswirkungen auf das Projekt.	Corporate CSR-Strategie des Unternehmens.
Beraterauswahl			X	Abgleich des Wertesystems des Beraters mit den Zielsetzungen in Bezug auf die soziale Verantwortung des Auftraggebers.	Feststellung eines gemeinsamen Wertesystems.
Vertragsabschluss		X		Konkrete Auflistung der Ziele in Bezug auf soziale Verantwortung.	Zusatzvereinbarung zum Vertrag.

(Fortsetzung)

Tab. 3.9 (Fortsetzung)

Prozess	Berater	Kunde + Berater	Kunde	Operationalisierung	Manifestation
Projekt-Governance/ Struktur einrichten		X		Gegebenenfalls Miteinbindung des CSR-Managements des Unternehmens bzw. des Beraters.	Einbindung in der Projektleitung bzw. in Arbeitsgruppen. Abstimmung der Definitionen der Meilensteine
Projektstart (Kick-off)		X		Gegebenenfalls Miteinbindung des CSR-Managements des Unternehmens bzw. des Beraters.	
Projekt durchführen		X		Unter laufender Überwachung der Einhaltung der Ziele in Bezug auf soziale Verantwortung.	Regelmäßige Berichte und Abweichungsanalyse in der Projektleitung
Lösung implementieren		X		Unter laufender Überwachung der Einhaltung der Ziele in Bezug auf soziale Verantwortung.	
Lösung abnehmen		X		Unter laufender Überwachung der Einhaltung der Ziele in Bezug auf soziale Verantwortung.	

(Fortsetzung)

Tab. 3.9 (Fortsetzung)

Prozess	Berater	Kunde + Berater	Kunde	Operationalisie-rung	Manifestation
Projekterfolg evaluieren		X		Unter Berücksichtigung der Ziele in Bezug auf soziale Verantwortung.	Abschlussbericht mit Einfluss in die CSR-Strategie des Unternehmens
Lessons Learned (Debriefing)	X	X	X	Unter Berücksichtigung der Ziele in Bezug auf soziale Verantwortung.	

sowohl zwischen einzelnen Zieldefinitionen als auch zwischen den Wertesystemen der Auftraggeber und Auftragnehmer gelten. Auch hier gilt: Die Abwägung und Auflösung der Widersprüche muss durch die Vertragspartner erfolgen, wird aber durch ein entsprechendes Regelwerk im Rahmen der Consulting Governance unterstützt.

Durch die explizite Ansprache der gesellschaftlichen Verantwortung ist die Norm eine der ersten nicht regulativen Normen, die den ISO-Leitlinien zur Berücksichtigung der gesellschaftlichen Verantwortung folgen (ISO Guide 82, 2017).

Die Wahrnehmung der Verantwortung für dieses Element der Consulting Governance könnte insbesondere bei größeren Projekten einen intensiven Diskussionsprozess notwendig machen und betrifft den gesamten Projektverlauf. Für beide Vertragspartner, aber auch für die Stakeholder muss transparent behandelt werden, was vom Beratungsprojekt in Bezug auf gesellschaftliche Verantwortung zu erwarten ist und was nicht zu erwarten ist. Als Orientierungshilfe zur Identifikation möglicher Auswirkungen sind die Sustainable Development Goals von den Vereinten Nationen festgelegt worden (Abb. 3.2).

Abb. 3.2 Sustainable Development Goals. (Quelle: United Nations Development Programme [UNDP], https://sdgs.un.org, abgerufen am 14. März 2022)

Auch im ISO-Standard 20700 werden beispielhaft folgende Überlegungen aufgelistet, die im Rahmen der gesellschaftlichen Verantwortung behandelt werden sollten:

- Darstellung des Beitrags der Unternehmensberatung für die Interessenträger
- Beitrag zur nachhaltigen Entwicklung
- Übereinstimmung mit ethischer Projektführung, einschließlich Transparenz
- Angleichung an Normen und Standards, die von relevanten Organisationen (wie z. B.: CEN, OSCE, ILO, ISO, UN) veröffentlicht wurden

Die Wahrnehmung der gesellschaftlichen Verantwortung zieht sich über den gesamten Projektverlauf und sollte bereits in der Konzeptionsphase berücksichtigt werden. Durch die Implementierung entsprechender

Strukturen in der Projektorganisation können Änderungen im Projektablauf laufend auf ihre Auswirkungen überprüft werden.

Die Herausforderungen zur Wahrung der gesellschaftlichen Verantwortung sind für größere Unternehmen und damit im Rahmen von komplexeren Projekten deutlich größer als in kleineren Unternehmen. Trotzdem sollte das Element auch in kleinen Projekten z. B. durch den Verweis, dass keine negativen Auswirkungen auf Umwelt oder Stakeholder zu erwarten sind, berücksichtigt werden.

3.1.10 Gesundheit und Sicherheit als Teil der Consulting Governance

Beratungsprojekte können sowohl in Bezug auf das Ergebnis der Projekte als auch in Bezug auf die handelnden Personen des spezifischen Projekts Auswirkungen auf die Gesundheit und Sicherheit haben (vgl. Tab. 3.10).

Im ISO-Standard 20700 werden folgende Informationen angeführt, die im Rahmen des Auftrags behandelt werden sollten:

- Umfang der Ressourcen und Anlagen, die für die Prüfung von Gesundheits- und Sicherheitsrisiken im Rahmen des Projekts relevant sind
- Identifizierung, Analyse und Beurteilung von potenziellen Risiken
- Koordination und Anwendung erforderlicher Ressourcen, um das Risiko und die Auswirkungen von unvorhersehbaren Ereignissen zu minimieren, zu überwachen und zu kontrollieren.

Die Beachtung gesundheitlicher Risiken und der Sicherheit kann bei allen Projektgrößen relevant sein. Dabei sind auch Risiken zu beachten, die z. B. in kleineren Werkstätten oder Produktionsstandorten gegeben sind. Typischerweise sind schon aufgrund gesetzlicher Bestimmungen Verantwortliche in Unternehmen dazu vorgesehen. Ob und in welchem Ausmaß diese Verantwortlichen in das Projekt einbezogen werden sollen, ist bereits in der Konzeptionsphase zu berücksichtigen.

Entsprechende Regelungen im Auftrag sind auch aus haftungstechnischen Gründen zu berücksichtigen.

Tab. 3.10 Consulting-Governance-Matrix für das Element „Gesundheit und Sicherheit"

Prozess	Berater	Kunde + Berater	Kunde	Operationalisierung	Manifestation
Grundsätzliche Zielsetzung			X	Identifizierung möglicher Auswirkungen des Projekts auf die Gesundheit und Sicherheit relevanter Stakeholder.	Auflistung möglicher Risiken für Gesundheit und Sicherheit relevanter Stakeholder.
Anforderungsprofil definieren			X	Gegebenenfalls relevantes Know-how definieren.	
Ausschreibung des Projekts			X	Darstellung möglicher Risiken für Gesundheit und Sicherheit relevanter Stakeholder sowie die Erwartungen für den Umgang dieser Risiken im Rahmen des Projekts.	
Beraterauswahl			X	Akzeptanz der Erwartungshaltung zum Umgang mit Risiken zur Gesundheit und Sicherheit relevanter Stakeholder bzw. Ausarbeitung von Alternativen.	
Vertragsabschluss	X			Konkrete Auflistung der Risiken zur Gesundheit und Sicherheit relevanter Stakeholder sowie der Umgang damit.	Zusatzvereinbarung zum Vertrag.

Phase			Gesundheit und Sicherheit relevanter Stakeholder	Projektleitung
Projekt-Governance/ Struktur einrichten	X		Gegebenenfalls Miteinbindung eines Verantwortlichen für den Umgang mit Gesundheit und Sicherheit relevanter Stakeholder.	Einbindung in der Projektleitung bzw. in Arbeitsgruppen. Abstimmung der Definitionen der Meilensteine.
Projektstart (Kick-off) Projekt durchführen	X		Unter laufender Überwachung der Einhaltung des vereinbarten Umgangs mit Gesundheit und Risiken relevanter Stakeholder.	Regelmäßige Berichte und Abweichungsanalysen in der Projektleitung.
Lösung implementieren Lösung abnehmen	X		Unter Berücksichtigung der Einhaltung des vereinbarten Umgangs mit Gesundheit und Risiken relevanter Stakeholder.	
Projekterfolg evaluieren	X		Unter Berücksichtigung der Einhaltung des vereinbarten Umgangs mit Gesundheit und Risiken relevanter Stakeholder	
Lessons Learned (Debriefing)	X	X	Unter Berücksichtigung der Einhaltung des vereinbarten Umgangs mit Gesundheit und Risiken relevanter Stakeholder	

3.1.11 Fehler verboten

Fehler können immer passieren und sind auch im Rahmen von Beratungsprojekten nicht ausgeschlossen. Allerdings sollten von Anfang an
Mechanismen geschaffen werden, um Gefahren frühzeitig zu erkennen
und Fehler weitestgehend zu verhindern. Dazu muss zwischen Auftraggeber und Auftragnehmer ein gemeinsames Verständnis darüber geschaffen werden, um welche Risiken es sich konkret handelt (vgl.
Tab. 3.11). Diese Risiken können sich im Rahmen des Projektverlaufs
auch ändern.

Im Anhang G des ISO-Standards 20700 werden typische Risiken für
Unternehmensberatungen aufgelistet.

Art und Umfang der Risiken sind abhängig von der Komplexität von
Beratungsprojekten. Allerdings sind auch bei kleineren Projekten Risiken
vorhanden, die interne oder externe Faktoren betreffen können. Auch
hier ist ein gemeinsames Verständnis zwischen Auftraggeber und Auftragnehmer dazu herzustellen.

3.1.12 Beratung wirkt – garantiert

Zur Beurteilung eines Projekts müssen die Zielsetzung von Beratungsprojekten und ein gewünschter Effekt des Projekts im Rahmen einer
Gesamtstrategie unterschieden werden. Der Effekt im Rahmen einer
Gesamtstrategie ist von vielen Faktoren abhängig, die durch externe Berater nicht beeinflusst werden können. Letztlich entscheiden Eigentümer
und Manager über notwendige Investitionen. Diese Entscheidungen
sind von vielen Faktoren abhängig, einer davon ist das Ergebnis von Beratungsprojekten.

Wenn also z. B. die Gesamtstrategie eine Steigerung des Unter-
nehmensgewinnes festschreibt, so können Beratungsprojekte mehrere
Teilbereiche davon abdecken, wie z. B. die Entwicklung neuer Geschäftsmodelle, die Optimierung des Einkaufs oder die Rationalisierung in der
Verwaltung. Berater können aber keine Garantie dafür übernehmen, dass
letztlich der Gewinn tatsächlich gesteigert wird.

Tab. 3.11 Consulting-Governance-Matrix für das Element „Risiko- und Qualitätsmanagement"

Prozess	Berater	Kunde + Berater	Kunde	Operationalisierung	Manifestation
Grundsätzliche Zielsetzung			X	Identifizierung möglicher Risiken des Projekts sowie möglicher Ansätze für das Qualitätsmanagement zur Minimierung der Risiken	
Anforderungsprofil definieren			X	Gegebenenfalls relevantes Know-how, insbesondere in Bezug auf das erforderliche Qualitätsmanagement, definieren.	
Ausschreibung des Projekts			X	Beschreibung der möglichen Risiken des Projekts sowie des geplanten Qualitätsmanagements zur Minimierung der Risiken	
Beraterauswahl			X	Gemeinsames Verständnis der Risiken bzw. Ausarbeitung von Alternativen.	
Vertragsabschluss		X		Konkrete Auflistung der Risiken bzw. des Qualitätsmanagementsystems zur Minimierung der Risiken.	Zusatzvereinbarung zum Vertrag.
Projekt-Governance/ Struktur einrichten				Gegebenenfalls unter Einbindung der Verantwortlichen für das Qualitätsmanagement	Einbindung in die Projektleitung bzw. in Arbeitsgruppen. Abstimmung der Definitionen der Meilensteine.

(Fortsetzung)

Tab. 3.11 (Fortsetzung)

Prozess	Berater	Kunde + Berater	Kunde	Operationalisierung	Manifestation
Projektstart (Kick-off)					
Projekt durchführen		X		Unter laufender Überwachung der Einhaltung des vereinbarten Qualitätsmanagements.	Regelmäßige Berichte und Abweichungsanalyse in der Projektleitung.
Lösung implementieren					
Lösung abnehmen		X		Unter Berücksichtigung der Einhaltung des vereinbarten Qualitätsmanagements. Mit Evaluierung der Risiken.	
Projekterfolg evaluieren		X			
Lessons Learned (Debriefing)	X	X	X	Unter Berücksichtigung der Risiken des Projekts.	

Trotzdem haften Berater für die Erbringung der Dienstleistungen. Die adäquate Auswahl von Beratungsmethoden, die professionelle Durchführung der vereinbarten Dienstleistungen, aber auch die Korrektheit von Berechnungen sind Bereiche, für die Beratungsunternehmen Garantien übernehmen können.

Abgesehen von den gesetzlichen Rahmenbedingungen können weitergehende Garantiebestimmungen vereinbart werden. Diese Vereinbarungen sind daher im Vertrag zu bestimmen. Änderungen über den Projektverlauf sind nur in Ausnahmesituationen sinnvoll. Auftraggeber sollten aber bereits in der Konzeptionsphase jene Themen definieren, die für sie von hoher Bedeutung sind.

Art und Umfang von Garantien sind von der Komplexität des Projekts abhängig (vgl. Tab. 3.12). Auch bei kleineren Unternehmen sind Garantien sinnvoll und die Festlegungen dazu können helfen, dass beide Vertragspartner ein gemeinsames Verständnis zu den vereinbarten Leistungen und Ergebnissen haben.

3.2 Bezug zur Corporate Governance

Wesentliche Elemente der Consulting Governance sind im unternehmensweiten Kontext zu sehen und werden auch unternehmensweit geregelt. Beispielhaft dafür sind unter anderem:

- Ein unternehmensweit einheitliches Werteverständnis.
- Eine unternehmensweit einheitliche Kommunikationspolitik.
- Ein unternehmensweit einheitliches Beschaffungswesen.
- Eine unternehmensweit einheitliche CSR-Strategie.

Im Rahmen der Consulting Governance wird festgelegt, in welcher konkreten Form diese unternehmensweiten Werte, Systeme und Strukturen auf das Projekt umgelegt werden (Abb. 3.3).

Die projektspezifischen Regelungen sind in Absprache mit den jeweils für die unternehmensweiten Regelungen verantwortlichen Personen zu definieren.

Tab. 3.12 Consulting-Governance-Matrix für das Element „Garantien"

Prozess	Berater	Kunde + Berater	Kunde	Operationalisierung	Manifestation
Grundsätzliche Zielsetzung			X	Identifizierung von erwarteten Leistungen, für die Garantien erwartet werden.	
Anforderungsprofil definieren					
Ausschreibung des Projekts			X	Auflistung von erwarteten Garantien	
Beraterauswahl			X	Gemeinsames Verständnis der Garantien bzw. Ausarbeitung von Alternativen.	
Vertragsabschluss		X		Konkrete Auflistung der Garantien und ihre spezifischen Ausprägungen	Zusatzvereinbarung zum Vertrag.
Projekt-Governance/ Struktur einrichten					
Projektstart (Kick-off)					
Projekt durchführen		X		Unter laufender Überwachung der vereinbarten Garantien.	Regelmäßige Berichte und mögliche Inanspruchnahme von Garantien in der Projektleitung.
Lösung implementieren					

(Fortsetzung)

Tab. 3.12 (Fortsetzung)

Prozess	Berater	Kunde + Berater	Kunde	Operationalisierung	Manifestation
Lösung abnehmen		X		Unter Berücksichtigung der Einhaltung der vereinbarten Garantien.	Freistellung der vereinbarten Garantien.
Projekterfolg evaluieren					
Lessons Learned (Debriefing)	X	X	X	Unter Berücksichtigung der vereinbarten Garantien.	

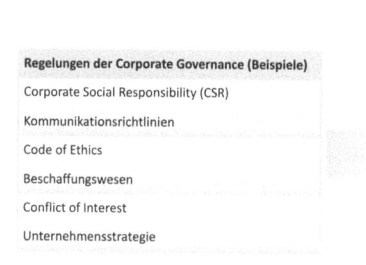

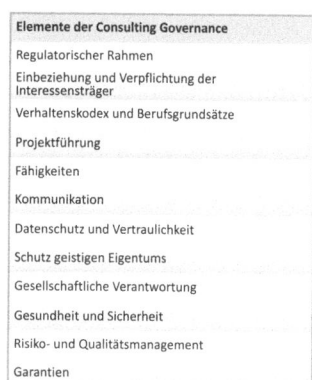

Abb. 3.3 Einfluss der Corporate Governance auf die Consulting Governance

3.3 Key Points

Für Berater

1. Bei der konkreten Ausarbeitung der Consulting Governance bringen Berater ihre Erfahrung ein.
2. Die Elemente betreffen in unterschiedlicher Intensität das gesamte Beratungsprojekt.

3. Änderungen zu den Vereinbarungen sind grundsätzlich möglich bzw. im Beratungsverlauf notwendig. Die Vorgangsweise dazu wird in den jeweiligen Zusatzvereinbarungen definiert.
4. Die Tiefe und der Umfang der einzelnen Vereinbarungen sind vom Grad der Komplexität des Projekts abhängig.

Für Kunden

1. Bereits in der Konzeptionsphase sollten alle Elemente der Consulting Governance berücksichtigt werden.
2. Die konkrete Thematisierung der Governance-Elemente erfolgt in der Ausschreibung und ist teilweise als Diskussionsgrundlage für weitere Gespräche mit dem Berater zu verstehen. An der Art und Weise, wie diese Gespräche geführt werden, kann oft erkannt werden, ob und in welchem Umfang ein gemeinsames Werteverständnis vorliegt.
3. Auftraggeber sollten jene Inhalte definieren, die für sie projektkritisch sind. Während bei vielen Themen gemeinsam mit Beratern Alternativen ausgearbeitet werden können, sind Themen wie z. B. Zeitplan, Kosten oder spezifische Werte oft nur in geringem Ausmaß verhandelbar.

Literatur

EN ISO 20700:2018 Leitlinien für Unternehmensberatungsdienstleistungen. Sustainable Development Goals. Quelle: United Nations Development Programme (UNDP). https://sdgs.un.org. Zugegriffen am 14.03.2022.

4

Consulting by Design: Das Framework

Zusammenfassung Consulting Governance stellt eine Vielzahl an möglichen Regelungen für Beratungsprozesse dar. Es gibt drei Sichten auf die Consulting Governance: Die Beratersicht, Kundensicht und die Sicht auf die gemeinsamen Interaktionen im Rahmen von Beratungsprojekten. Dazu ist es wichtig, die relevanten Aspekte für jede dieser Sichten herauszuarbeiten. Dazu wird ein umfassendes Framework der Consulting Governance systematisch abgeleitet, das die Phasen, Strukturen, Elemente und Prozesse zu einem abgestimmten Ganzen integriert. Das Ziel dieses Kapitels liegt darin, aufzuzeigen, welcher Regelungsbedarf sich jeweils als sinnvoll darstellt. Im Anschluss wird die Skalierung dieses Konzepts diskutiert, denn nicht alle Regelungen eignen sich auch für alle Projekte. Hier wird ein situatives Konzept vorgestellt, das sich in einem Kontinuum bewegt zwischen Maximal- und Minimalanforderungen. Diese Konzeptualisierung unterstützt die Beteiligten dabei, sich ein eigenes Konzept der Consulting Governance zu schnüren und auf die eigenen Rahmenbedingungen zu adaptieren.

© Der/die Autor(en), exklusiv lizenziert an Springer-Verlag GmbH, DE, ein Teil von
Springer Nature 2022
R. Bodenstein, J. Herget, *Consulting Governance*, Beratung im Fokus,
https://doi.org/10.1007/978-3-662-65299-2_4

Die meisten Beschreibungen von Consulting Governance in der Literatur[1] verbleiben auf einer eher anekdotischen Ebene. Es sind vor allem zufällig anmutende Heraushebungen bestimmter als relevant empfundenen Inhalte, die allerdings ein kohärentes und kohäsives Bild vermissen lassen. Was die meisten Autoren eint, ist die Verständigung darauf, dass Consulting Governance sowohl den Kunden als auch den Berater als die gestaltenden Partner in einem gemeinsamen Projekt umfassen sollte. Dabei wollen wir es allerdings nicht belassen.

Wir formulieren ein umfassendes Framework, das einen nachvollziehbaren Bezugsrahmen bietet. Ebenso reicht es uns nicht, nur auf die bloße Wichtigkeit des Regelungsbedarfs und möglicher Optionen hinzuweisen. Wir wollen sehr konkret werden und beschreiben, was es wie zu regeln gibt. Die einzelnen Stränge der Heranleitung zur Consulting Governance wurden in den letzten beiden Kapiteln systematisch hergeleitet und entwickelt. Nun gilt es, diese zu einem integrierten Ganzen zu verknüpfen. Wir werden in diesem Kapitel zwei unterschiedliche Formen der Consulting Governance detailliert erarbeiten und vorstellen. Zum einen ein umfassendes Konzept, das auch komplexen Beratungsprojekten gerecht werden kann, zum anderen ein „Lean Framework" als ein abgespecktes Gerüst, das vor allem für kleinere Projekte einen sinnvollen und notwendigen Rahmen bieten kann. In diesem Kontinuum zwischen einer umfassenden Consulting Governance und einem Lean Framework können beliebige Konstellationen konstruiert und adaptiert werden. Dieses Buch ist also eine Art Buffet, aus dem die für ein konkretes Projekt relevanten Sachverhalte ausgewählt und in ein gemeinsam abgestimmtes Regelwerk überführt werden können.

Allerdings muss jedes Managementinstrument, wie die Consulting Governance es darstellt, auf Akzeptanz bei allen Beteiligten stoßen. Bei neuen Konzepten (und Begriffen) darf das nicht als selbstverständlich betrachtet werden. Entsprechender Aufklärungs- und Überzeugungsarbeit dürfte daher durchaus ein wichtiger Stellenwert zukommen.

---

[1] Siehe stellvertretend hierzu Ennsfellner (2022) und die dort zitierte Literatur.

Das präsentierte Framework konzentriert sich zwar auf das Beratungsprojekt, ist aber nicht unabhängig von unternehmensweiten Regelungen
zu sehen. Dieser Bezug zur Corporate Governance sollte auch explizit in
den unterschiedlichen Prozessen und Elementen angesprochen sein.

4.1 Commitment sicherstellen

Das im Folgenden vorzustellende Konzept zeigt die Realisierungsebene
von Consulting Governance. Diese wird nur dann als sinnvolles Instrument zur Gestaltung von effektiven und effizienten Beratungsprojekten
betrachtet, wenn deren Bedeutung und Relevanz allen Beteiligten klar
ist. Dies ist allerdings kein Selbstläufer, denn zunächst bedeutet die Entwicklung und Verabschiedung der Consulting Governance zusätzliche
Arbeit, deren Nutzen sich vielleicht nicht gleich zeigt. Dies wirkt umso
verschärfter, je weniger die beteiligten Partner Erfahrungen im Projekt-
geschäft mit externen Beratern aufweisen. Das betrifft die Kunden in
Beratungsprojekten. Für Berater selbst stellt die Consulting Governance
zunächst eine nicht immer nachvollziehbare Selbstverpflichtung dar, vor
allem dann nicht, wenn der Kunde sie nicht einfordert – oder in einem
viel geringeren Maße, da bei vielen Kunden die Erfahrungen noch nicht
so ausgeprägt sein werden. Aber jede Blick in die reale Projektpraxis zeigt,
dass eine gute Planung und gemeinsame Verabschiedung der Consulting
Governance den doch sehr übersehbaren Aufwand bei weitem über-
schreitet. Das Gesagte soll also auch als ein Appell verstanden werden,
sich gegenseitig in der Beratung über die Notwendigkeit und Sinnhaftigkeit der Consulting Governance zu verständigen, damit das gemeinsame
Commitment auch umgesetzt und mit Leben gefüllt werden kann.

4.2 Eine Roadmap zur Consulting Governance

Eine Consulting Governance systematisiert, strukturiert und definiert
ein Beratungsprojekt. Sie legt den Rahmen, damit ein Projekt möglichst
reibungsfrei in einem Unternehmen durchgeführt werden kann. Sie anti-

zipiert potenzielle Störquellen und eliminiert diese durch Vorab-regelungen. Das Ziel liegt somit in der Unterstützung bei der Vor-bereitung, Durchführung und beim Abschluss von Beratungsprojekten. **Die Entwicklung einer eigenen Consulting Governance setzt folg-lich voraus:**

- Bestimmung der relevanten **Projektphasen,** die idealtypisch durch-laufen werden. Das vorgestellte Modell dürfte sich für nahezu alle Projekte gut eignen.
- Festlegung der **Strukturen** und der sich darin spiegelnden notwendigen Rollen und Gremien im Beratungsprojekt. Hierzu wurden die wesent-lichen beschrieben, sie bieten eine gute Orientierung zur Auswahl.
- Formulierung von **Elementen,** aus denen die Consulting Governance materiell besteht. Das sind Regelungsbereiche, Normen und Standards, die im Projekt Berücksichtigung finden sollen.
- Konkretisierung der einzelnen **Prozesse,** die sich aus den Elementen ergeben und die in bestimmbare Handlungen und Entschei-dungen münden.

Die Verknüpfung dieser Regelungsbereiche mit einzelnen Projektphasen, die in sinnvollen Strukturen die für erforderlich gehaltenen Prozesse in konkreten Beratungsprojekten berücksichtigt, ergibt die Consulting Go-vernance. Diese **integrative Betrachtung** sichert ein adäquates, effektives und effizientes Beherrschen von Beratungsprojekten, das sowohl den Kunden als auch den Beratern die bestmögliche Durchführung von Pro-jekten sicherstellt.

Damit beantwortet die Consulting Governance folgende Fragen:

- **Was** ist zu regeln?
- **Wann** wird etwas relevant?
- **Wer** ist mit dieser Aufgabe betraut?
- **Wie** sind diese Aufgaben konkret umzusetzen?

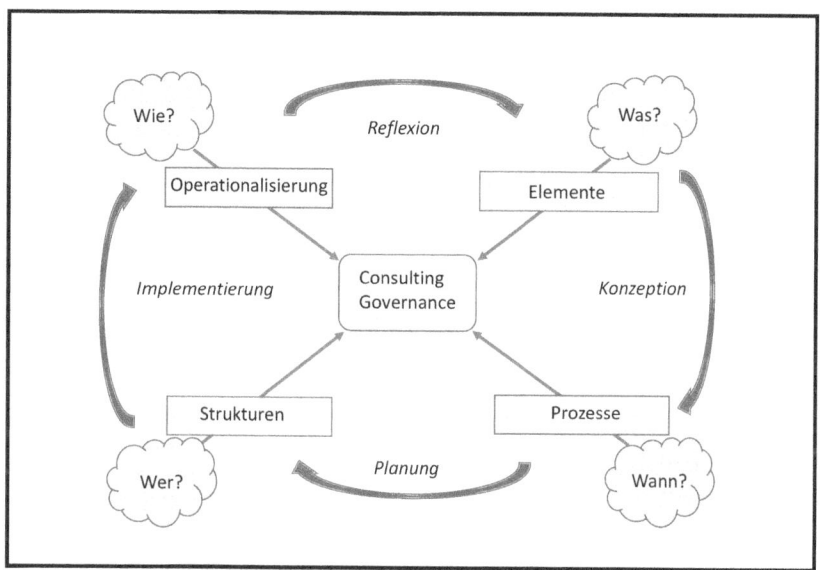

Abb. 4.1 Integrative Sicht auf die Consulting Governance

Damit wird gleichzeitig ein Zyklus implementiert, der die **Konzeption,
Planung, Implementierung** und **Reflexion** umfasst. Consulting Governance entwickelt sich somit zu einem dynamischen Instrument, das stets
weiterentwickelt werden kann. Neue Anforderungen und Erfahrungen
können damit unmittelbar einfließen und das Konzept der Consulting
Governance immer auf aktuellem und relevantem Stand halten. Diese
Zusammenhänge sind in der Abb. 4.1 wiedergegeben.

Mit diesen Schritten lässt sich für jedes Unternehmen und für jeden
Berater ein Korsett entwickeln, das jedem zu planenden und gestaltenden
Beratungsprojekt angepasst werden kann. Wenn diese Grundstruktur
einer Consulting Governance entwickelt wird, kann sie immer wieder für
neue Projekte genutzt werden und nur mit minimalem Anpassungsaufwand immer wieder verwendet werden. Dabei fließen die gemachten
Projekterfahrungen in diese Ausgestaltung ein und optimieren die eigene

Consulting Governance. Natürlich wird hier zu unterscheiden sein – und darin liegt die eigene, auf Erfahrung beruhende Expertise –, welche Komplexität diese umfassen kann. Zum einen soll natürlich nicht sprichwörtlich mit Kanonen auf Spatzen geschossen werden, also eine Überkomplexität hervorgerufen werden, die dem Projekt nicht angemessen ist. Zum anderen sollte genauso wenig eine Übersimplifizierung stattfinden und zu vieles im Projekt nicht geregelt werden, denn das verursacht bei Weitem mehr Aufwand, wenn dies im Nachhinein im laufenden Projekt zu regeln sein wird.

In den kommenden beiden Abschnitten diskutieren wir zwei Konzepte, die diesem Anspruch genügen sollen. Nach der Präsentation eines allgemeinen Referenzmodells, werden prototypisch zwei Varianten möglicher Ausprägung vorgestellt. Daran orientiert kann sich jedes Unternehmen und jeder Berater als methodische Unterstützungshilfe ein eigenes Konzept im gesamten Kontinuum der Regelungsmöglichkeiten entwickeln. Dieses muss für die eigene Situation und das gegenständliche Projekt einen möglichst optimalen Gestaltungsrahmen ermöglichen.

4.3 Ein Referenzmodell

Das folgende Referenzmodell abstrahiert von konkreten Projektanforderungen und stellt eine Blaupause bereit, mit der sowohl die Unternehmen als auch die Berater eine angepasste Consulting Governance entwickeln können. Als Resultat dieses Prozesses können verschiedene idealtypische Konstrukte entstehen, die als Referenzmodelle für unterschiedliche, im realen Beratungsalltag häufig vorkommende Typen von Projekten Verwendung finden können. Ein Unternehmen oder Berater kann dann auf diese „Schablone" zugreifen und sie noch projektadäquat ergänzen oder verschlanken. Einmal entwickelt bieten sie dann eine signifikante Unterstützung in der konkreten Vorbereitung der Beratungszusammenarbeit. „One size fits all" muss eben nicht sein. Die Blaupause zur Entwicklung einer individuellen Consulting Governance findet sich in der Abb. 4.2.

Prozess / Element	Regulatorischer Rahmen	Einbeziehung und Verpflichtung der Interessenträger	Verhaltenskodex und Berufsgrundsätze	Projektführung	Fähigkeiten	Kommunikation	Datenschutz und Vertraulichkeit	Schutz geistigen Eigentums	Gesellschaftliche Verantwortung	Gesundheit und Sicherheit	Risiko- und Qualitätsmanagement	Garantien
Grundsätzliche Zielsetzung												
Anforderungsprofil definieren												
Ausschreibung des Projektes												
Beraterauswahl												
Vertragsabschluss												
Projekt-Governance / Struktur einrichten												
Projektstart (Kick-Off)												
Projekt durchführen												
Lösung implementieren												
Lösung abnehmen												
Projekterfolg evaluieren												
Lessons Learned (Debriefing)												

○ Geringe Relevanz für das Projekt (erfordert lediglich die Vereinbarung, dass zu diesem Element keine spezifischen Regelungen getroffen werden). Besondere Vorkehrungen, zur Einhaltung der Anforderungen sind nicht notwendig.

◑ Mittlere Relevanz für das Projekt (Einfache Regelungen zum Element, z.B. durch Verweis auf Standards oder Regelungen durch Branchenverbände). Besondere Vorkehrungen werden evaluiert und sind möglicherweise relevant für den Projekterfolg.

● Hohe Relevanz für das Projekt (Detaillierte Regelung für das Element, typischerweise in eigenen Zusatzvereinbarungen definiert). Besondere Vorkehrungen müssen über den gesamten Projektverlauf gewährleistet sein.

Abb. 4.2 Referenzmodell für Consulting Governance

4.4 Umfassende Consulting Governance

In diesem Abschnitt stellen wir sämtliche Regelungsbereiche einer Consulting Governance zusammen. Damit wird ein Maximalkonzept vorgestellt, dass vermutlich selten in diesem umfassenden Rahmen zur Anwendung kommen wird. Denn auch große und umfassende Projekte müssen nicht alle Bereiche regeln. Diese Sicht kann wie ein opulentes Buffet betrachtet werden, das vieles bietet, aus dem man sich aber nur das auswählen sollte, was im Konkreten auch den gewünschten Zweck erfüllen soll (Abb. 4.3).

Prozess / Element	Regulatorischer Rahmen	Einbeziehung und Verpflichtung der Interessenträger	Verhaltenskodex und Berufsgrundsätze	Projektführung	Fähigkeiten	Kommunikation	Datenschutz und Vertraulichkeit	Schutz geistigen Eigentums	Gesellschaftliche Verantwortung	Gesundheit und Sicherheit	Risiko- und Qualitätsmanagement	Garantien
Grundsätzliche Zielsetzung	○	◐	○	◐	◐	◐	◐	◐	◐	◐	◐	◐
Anforderungsprofil definieren	○	◐	○	◐	●	◐	◐	◐	●	◐	●	●
Ausschreibung des Projektes	◐	◐	○	●	●	◐	◐	◐	●	◐	●	●
Beraterauswahl	◐	◐	◐	●	●	●	◐	◐	●	◐	◐	◐
Vertragsabschluss	●	◐	●	◐	●	●	●	●	●	●	●	●
Projekt-Governance / Struktur einrichten	○	●	◐	●	●	●	◐	○	●	◐	●	◐
Projektstart (Kick-Off)	○	●	◐	●	◐	●	◐	○	●	◐	◐	◐
Projekt durchführen	○	●	◐	●	●	●	●	◐	●	●	●	◐
Lösung implementieren	○	●	◐	●	●	●	◐	●	●	●	●	●
Lösung abnehmen	◐	◐	◐	◐	◐	○	◐	◐	◐	◐	◐	◐
Projekterfolg evaluieren	○	◐	○	◐	○	○	◐	◐	◐	◐	●	●
Lessons Learned (Debriefing)	○	◐	◐	●	◐	◐	◐	◐	◐	○	◐	◐

○ Geringe Relevanz für das Projekt (erfordert lediglich die Vereinbarung, dass zu diesem Element keine spezifischen Regelungen getroffen werden). Besondere Vorkehrungen, zur Einhaltung der Anforderungen sind nicht notwendig.

◐ Mittlere Relevanz für das Projekt (Einfache Regelungen zum Element, z.B. durch Verweis auf Standards oder Regelungen durch Branchenverbände). Besondere Vorkehrungen werden evaluiert und sind möglicherweise relevant für den Projekterfolg.

● Hohe Relevanz für das Projekt (Detaillierte Regelung für das Element, typischerweise in eigenen Zusatzvereinbarungen definiert). Besondere Vorkehrungen müssen über den gesamten Projektverlauf gewährleistet sein.

Abb. 4.3 Beispiel für ein umfassendes Konzept der Consulting Governance

4.5 Lean Consulting Governance

Das folgende Konzept kann als die Minimalvariante einer Consulting Governance angesehen werden. Es eignet sich daher vor allem für kleinere und einfach strukturierte Projekte mit wenigen Beteiligten. Natürlich kann es auch ergänzt und erweitert werden aus dem zuvor vorgestellten Konzept. Wir wollen hier aber vor allem auch illustrieren, wie schlank bereits eine Consulting Governance aussehen kann, die einen hohen Nutzen in der praktischen Beratungsarbeit liefern kann. Das entsprechende Konzept zur Lean Consulting Governance findet sich in der Abb. 4.4.

Prozess / Element	Regulatorischer Rahmen	Einbeziehung und Verpflichtung der Interessenträger	Verhaltenskodex und Berufsgrundsätze	Projektführung	Fähigkeiten	Kommunikation	Datenschutz und Vertraulichkeit	Schutz geistigen Eigentums	Gesellschaftliche Verantwortung	Gesundheit und Sicherheit	Risiko- und Qualitätsmanagement	Garantien
Grundsätzliche Zielsetzung	○	◐	○	◐	◐	○	○	○	○	○	○	○
Anforderungsprofil definieren	○	◐	○	◐	●	○	○	○	○	◐	○	○
Ausschreibung des Projektes	◐	◐	○	◐	●	○	◐	○	◐	○	○	○
Beraterauswahl	◐	◐	○	◐	●	○	◐	○	◐	○	◐	○
Vertragsabschluss	●	◐	●	●	●	●	●	●	●	●	●	●
Projekt-Governance / Struktur einrichten	○	●	○	◐	●	○	○	○	○	○	◐	○
Projektstart (Kick-Off)	○	○	○	◐	○	○	○	○	○	◐	○	○
Projekt durchführen	○	●	○	◐	◐	○	○	○	○	◐	○	◐
Lösung implementieren	○	●	○	◐	◐	○	○	○	○	○	○	◐
Lösung abnehmen	◐	◐	○	◐	◐	○	○	○	○	○	○	◐
Projekterfolg evaluieren	○	○	○	◐	◐	○	○	○	○	○	○	○
Lessons Learned (Debriefing)	○	○	○	◐	◐	○	○	○	○	○	○	○

○ Geringe Relevanz für das Projekt (erfordert lediglich die Vereinbarung, dass zu diesem Element keine spezifischen Regelungen getroffen werden). Besondere Vorkehrungen, zur Einhaltung der Anforderungen sind nicht notwendig.

◐ Mittlere Relevanz für das Projekt (Einfache Regelungen zum Element, z.B. durch Verweis auf Standards oder Regelungen durch Branchenverbände). Besondere Vorkehrungen werden evaluiert und sind möglicherweise relevant für den Projekterfolg.

● Hohe Relevanz für das Projekt (Detaillierte Regelung für das Element, typischerweise in eigenen Zusatzvereinbarungen definiert). Besondere Vorkehrungen müssen über den gesamten Projektverlauf gewährleistet sein.

Abb. 4.4 Beispiel für ein Konzept der Lean Consulting Governance

4.6   Key Points

Für Berater

1. Ein Commitment sowohl des Beraters als auch des Kunden zur Consulting Governance sollte sichergestellt werden.
2. Consulting Governance stellt ein Angebot dar, das nach den Rahmenbedingungen, den eigenen Ansprüchen und den Erwartungen des Kunden entwickelt werden sollte.

3. Es empfiehlt sich, verschiedene Referenzbeispiele für einsetzbare Consulting-Governance-Konzepte zu entwickeln.
4. Die Konzepte zur Consulting Governance sollen eine Arbeitserleichterung ermöglichen, sie sind daher als lebendige Dokumente zu betrachten, die dynamisch fortentwickelt werden. Das Projekt-Debriefing bietet hier eine gute Grundlage zur Integration der gemachten Erfahrungen in die jeweilige Weiterentwicklung der verwendeten Consulting Governance.
5. Eine gute Consulting Governance, die an die internationale Norm ISO 20700 angelehnt ist, stellt eine am State of the Art ausgerichtete Vereinbarung dar, sie kann somit einen Vertrauensbeweis zur Seriosität darstellen und zudem ein wichtiges Marketingargument bilden.

Für Kunden

1. Die Consulting Governance stellt eine sehr nützliche Arbeitsgrundlage dar, in die umfassende Erfahrungen der internationalen Beraterverbände eingeflossen sind.
2. Jedes Unternehmen sollte Überlegungen zur Entwicklung einer eigenen Consulting Governance anstellen. Die Orientierung an Referenzmodellen erleichtert diesen Prozess, die Anlehnung an die internationale Norm ISO 20700 sichert den State of the Art.
3. Bei Verhandlungen mit dem Berater über die geeignete Consulting Governance macht sich die eigene Vorarbeit bezahlt.
4. Die Consulting Governance stellt ein wichtiges Professionalisierungswerkzeug dar, mit dessen Hilfe die Erfolgswahrscheinlichkeit von Beratungsprojekten wesentlich gesteigert werden kann.

Literatur

Ennsfellner, I. A. (2022). Unternehmensberatung und Consulting Governance – eine Leistung von Beratern und Kunden. In R. Bodenstein, I. A. Ennsfellner & J. Herget (Hrsg.) (2022), *Exzellenz in der Unternehmensberatung: Beratungsprojekte erfolgreich durchführen – Leitlinien für Unternehmen und Berater*. Springer Gabler.

5

Fallstudien – Beispielhaftes Vorgehen

Zusammenfassung In diesem Kapitel wollen wir die konkrete Anwendung und Umsetzung der Consulting Governance behandeln. Dazu werden die unterschiedlichen Anwendungen in zwei Fallbeispielen dargestellt, die stellvertretend für ein sehr umfangreiches, komplexes Projekt sowie für ein kleines Unternehmen mit einem Projekt mit geringerem Komplexitätsgrad stehen. Dadurch soll die Bandbreite der individuellen Umsetzung praxisbezogen dargestellt werden. Durch die individuelle Anwendung von Consulting Governance kann auf die projektspezifischen Herausforderungen eingegangen werden. Basis für die Umsetzung ist jeweils die Vereinbarung, die zwischen Auftraggeber und Auftragnehmer geschlossen wird. Art und Umfang dieser Vereinbarung werden an die jeweiligen konkreten Rahmenbedingungen angepasst.

Der adäquate Umfang und die Tiefe der Regelungen im Rahmen eines Beratungsprojekts hängen vom Grad der Komplexität des Projekts ab. Beratungsprojekte sind so unterschiedlich wie die Unternehmen, die die Projekte beauftragen.

R. Bodenstein, J. Herget, *Consulting Governance*, Beratung im Fokus, https://doi.org/10.1007/978-3-662-65299-2_5

Wie unterschiedlich die Projekte sein können, wollen wir an zwei Beispielen darstellen:

- ein komplexes, umfangreiches Projekt mit einer umfassenden Consulting Governance,
- ein einfacheres Projekt mit einem Lean-Governance-Ansatz.

Bei allen Beratungsprojekten sind formale und inhaltliche Vereinbarungen Teil des Vertragswerkes, die die Leistungserbringung definieren. Konkret sind dies:

- der sachliche Bezug des Projekts,

  – Projektziel
  – Ausgangslage
  – Projekthintergrund, Motivation
  – Annahmen, mögliche Auswirkungen auf das Projekt

- der Zeitrahmen,
- die Kosten,
- die vereinbarten Dienstleistungen mit dem jeweiligen konkreten Ergebnis (Workshops, Studienerstellung, Berechnungen, Einzelcoachings, etc.),
- Geschäftsbedingungen, Zahlungsziele.

Gemeinsam mit den entsprechenden Vereinbarungen zu den Elementen der Consulting Governance ergeben sie einen rechtlich bindenden Vertrag.

> Die konkrete Ausprägung der Consulting Governance wird zwischen Auftraggeber und Auftragnehmer in einem Vertrag vereinbart, der neben den üblichen Vertragsbedingungen auch die Anwendung der 12 Elemente enthält.

5.1 Fallstudie 1: Umfassende Consulting Governance

Ein rechtlich bindender Vertrag ist für Projekte mit hohem Komplexitätsgrad und Umfang ein schriftlicher Vertrag, für den zu umfangreicheren Detailvereinbarungen Zusatzvereinbarungen („Side Letters") abgeschlossen werden. Diese Zusatzvereinbarungen können im Bedarfsfall relativ einfach auch im Projektverlauf angepasst werden, ohne dass der eigentliche Vertrag geändert werden muss.

5.1.1 Der Auftraggeber

Der Auftraggeber ist eine von vier Divisionen eines internationalen Unternehmens. Das Unternehmen hat weltweit ca. 100.000 Mitarbeiter und ist im Bereich Stahlverarbeitung und Maschinenbau tätig. Das Geschäftsfeld der Division ist der Bau und der Betrieb von Kraftwerken. Schwerpunkt sind Wasser-, Kohle- und Atomkraftwerke. Die Division wird von einem Vorstandsmitglied des Unternehmens geleitet und beschäftigt seinerseits ca. 30.000 Mitarbeiter. Kunden sind Energieversorger in Nord- und Südamerika, Europa, Asien und Australien.

Die Division wurde Anfang der 2000er-Jahre gegründet und ist seither sehr rasch durch Zukäufe gewachsen.

Das Unternehmen ist an mehreren Börsen weltweit notiert.

5.1.2 Das Projekt

Das Unternehmen hat in seiner Gesamtstrategie den weiteren, raschen Ausbau seiner Aktivitäten im Bau und Betrieb von Kraftwerken beschlossen. Einer der Treiber zu dieser Überlegung war, dass sich der Markt international in einem massiven Umbruch befindet und die daraus entstehende Dynamik genutzt werden soll.

Dazu wurden allerdings auch Rahmenbedingungen definiert, die den Wert der Gesamtmarke schützen sollen. Diese Rahmenbedingungen betreffen insbesondere die Risiken im Imagebereich, die sich durch das

Geschäftsfeld ergeben. Weitere Risiken werden in der Wahrung der Compliance gesehen, die für Kunden im Bereich der öffentlichen Verwaltung bzw. in deren Nahbereich einen hohen Stellenwert hat.

Der Leiter der Division wurde daher beauftragt, eine Strategie für das Geschäftsfeld zu entwickeln, die ein deutliches Wachstum unter Einhaltung der Rahmenbedingungen als Ziel hat.

Das Ergebnis soll ein konkreter Wachstumsplan für einzelne Produkte und Länder sein, der seinerseits als Basis für die operative Planung in den entsprechenden Abteilungen dienen soll.

> Die Consulting Governance beschreibt die Umsetzung einer Corporate Governance auch in konkreten Consulting Projekten. Dadurch kann gewährleistet werden, unternehmensweite Systeme und Managemententscheidungen wie Corporate Social Responsibility, Kommunikationsrichtlinien oder Exzellenzansprüche auch projektbezogen umzusetzen.

5.1.3 Beispielhafte konkrete Behandlung der Elemente der Consulting Governance

5.1.3.1 Regulatorischer Rahmen

Das Projekt ist gleich aus mehreren Perspektiven in einem komplexen regulatorischen Umfeld zu sehen, wie z. B.:

- unterschiedliches nationales Recht aufgrund der internationalen Ausrichtung des Unternehmens,
- branchenspezifische Gesetze sowie Standards als De-Facto-Regularien,
- hohe Dynamik der gesetzlichen Rahmenbedingungen durch laufende Anpassungen im politischen Kontext („Klimawandel"),
- Gesetze zum Schutz der Umwelt bzw. von Anrainern von Kraftwerken,
- komplexe Eigentümerstrukturen von Kraftwerken,
- Einbindung des Geschäftsfeldes in das Regelwerk der Corporate Governance.

Element / Prozess	Grundsätzliche Zielsetzung	Anforderungsprofil definieren	Ausschreibung des Projektes	Beraterauswahl	Vertragsabschluss	Projekt-Governance / Struktur einrichten	Projektstart (Kick-Off)	Projekt durchführen	Lösung implementieren	Lösung abnehmen	Projekterfolg evaluieren	Lessons Learned (Debriefing)
Regulatorischer Rahmen	◑	◑	●	●	●	◑	○	○	●	◑	◑	◑

○ Geringe Relevanz für das Projekt (erfordert lediglich die Vereinbarung, dass zu diesem Element keine spezifischen Regelungen getroffen werden). Besondere Vorkehrungen, zur Einhaltung der Anforderungen sind nicht notwendig.

◑ Mittlere Relevanz für das Projekt (Einfache Regelungen zum Element, z.B. durch Verweis auf Standards oder Regelungen durch Branchenverbände). Besondere Vorkehrungen werden evaluiert und sind möglicherweise relevant für den Projekterfolg.

● Hohe Relevanz für das Projekt (Detaillierte Regelung für das Element, typischerweise in eigenen Zusatzvereinbarungen definiert). Besondere Vorkehrungen müssen über den gesamten Projektverlauf gewährleistet sein.

Abb. 5.1 Beispielhafte Handhabung über den Projektverlauf (1)

Die Abb. 5.1 stellt die beispielhafte Berücksichtigung dieses Elements dar. Bereits in der Konzeptionsphase sind daher entsprechende Rahmenbedingungen zu berücksichtigen, die die Einhaltung der unterschiedlichen Regularien gewährleisten. Das Beratungsunternehmen muss über entsprechende Ressourcen verfügen, aber auch das Unternehmen selbst muss diese Ressourcen zur Verfügung stellen. Die Projektstruktur muss zur Behandlung der Aufgaben entsprechend gestaltet werden.

5.1.3.2 Einbeziehung und Verpflichtung der Interessenträger

Für das Projekt sind einerseits unmittelbar betroffene Interessenträger, andererseits Interessenträger, die durch die Geschäftätigkeit betroffen sind, zu berücksichtigen. Unmittelbar betroffene Interessenträger sind z. B.:

- Eigentümer,
- Mitarbeiter,
- Lieferanten.

Darüber hinaus sind aber auch Interessenträger zu berücksichtigen, die zwar nicht in die Erstellung der Strategie eingebunden sind, aber wichtige Rollen in der Umsetzung einnehmen können, wie z. B.:

- Anrainer von Kraftwerken,
- Umweltaktivisten (möglicherweise mit gegensätzlichen Zielsetzungen),
- politische Parteien,
- lokale/nationale Behörden.

Die Abb. 5.2 stellt die beispielhafte Berücksichtigung dieses Elements dar. Die Kommunikation zu den Interessengruppen bzw. ihre Einbindung ist über den gesamten Projektverlauf zu berücksichtigen. Dazu sind entsprechende Ressourcen notwendig sowie die Projektplanung unter Rücksichtnahme darauf zu gestalten.

5.1.3.3   Verhaltenskodex und Berufsgrundsätze

Für komplexe Projekte ist es besonders wichtig, dass sich Auftragnehmer und Auftraggeber „verstehen". Dazu ist ein gemeinsames Verständnis des Wertesystems der Auftragnehmer von hoher Bedeutung.

Element / Prozess	Grundsätzliche Zielsetzung	Anforderungsprofil definieren	Ausschreibung des Projektes	Beraterauswahl	Vertragsabschluss	Projekt-Governance / Struktur einrichten	Projektstart (Kick-Off)	Projekt durchführen	Lösung implementieren	Lösung abnehmen	Projekterfolg evaluieren	Lessons Learned (Debriefing)
Einbeziehung und Verpflichtung der Interessenträger	◑	◑	◑	◑	◑	●	●	●	●	◑	◑	◯

◯ Geringe Relevanz für das Projekt (erfordert lediglich die Vereinbarung, dass zu diesem Element keine spezifischen Regelungen getroffen werden). Besondere Vorkehrungen, zur Einhaltung der Anforderungen sind nicht notwendig.

◑ Mittlere Relevanz für das Projekt (Einfache Regelungen zum Element, z.B. durch Verweis auf Standards oder Regelungen durch Branchenverbände). Besondere Vorkehrungen werden evaluiert und sind möglicherweise relevant für den Projekterfolg.

● Hohe Relevanz für das Projekt (Detaillierte Regelung für das Element, typischerweise in eigenen Zusatzvereinbarungen definiert). Besondere Vorkehrungen müssen über den gesamten Projektverlauf gewährleistet sein.

Abb. 5.2   Beispielhafte Handhabung über den Projektverlauf (2)

Element / Prozess	Grundsätzliche Zielsetzung	Anforderungsprofil definieren	Ausschreibung des Projektes	Beraterauswahl	Vertragsabschluss	Projekt-Governance / Struktur einrichten	Projektstart (Kick-Off)	Projekt durchführen	Lösung implementieren	Lösung abnehmen	Projekterfolg evaluieren	Lessons Learned (Debriefing)
Verhaltenskodex und Berufsgrundsätze	○	○	○	◑	●	◑	○	◑	◑	○	○	◑

○ Geringe Relevanz für das Projekt (erfordert lediglich die Vereinbarung, dass zu diesem Element keine spezifischen Regelungen getroffen werden). Besondere Vorkehrungen, zur Einhaltung der Anforderungen sind nicht notwendig.

◑ Mittlere Relevanz für das Projekt (Einfache Regelungen zum Element, z.B. durch Verweis auf Standards oder Regelungen durch Branchenverbände). Besondere Vorkehrungen werden evaluiert und sind möglicherweise relevant für den Projekterfolg.

● Hohe Relevanz für das Projekt (Detaillierte Regelung für das Element, typischerweise in eigenen Zusatzvereinbarungen definiert). Besondere Vorkehrungen müssen über den gesamten Projektverlauf gewährleistet sein.

Abb. 5.3 Beispielhafte Handhabung über den Projektverlauf (3)

Die Abb. 5.3 stellt die beispielhafte Berücksichtigung dieses Elements dar.

Konkrete Anforderungen an den Verhaltenskodex bzw. die Berufsgrundsätze könnten bereits in der Konzeptionsphase definiert werden. Im Zuge der Beraterauswahl sollten sie jedenfalls in die Entscheidungsgrundlagen einfließen und gegebenenfalls vertraglich fixiert werden.

Viele Beratungsunternehmen haben einen eigenen Kodex entwickelt, kleinere Unternehmen nutzen häufig die Berufsgrundsätze, die von ihren Branchenverbänden herausgegeben werden.

5.1.3.4 Projektführung

Ohne entsprechende Projektorganisation ist eine erfolgreiche Projektumsetzung nicht möglich. Im Rahmen dieses Projekts sind gleich mehrere Faktoren Zeichen für die Komplexität:

• hohe Zahl beteiligter Personen,
• komplexes organisatorisches Umfeld über mehrere Produkte, Abteilungen, Länder,
• unmittelbarer Bezug zur unternehmensweiten Planung,

- hoher organisatorischer Aufwand zur Einhaltung der Consulting Governance,
- als Vorläufer für die Folgeprojekte zur operativen Umsetzung unmittelbare Auswirkung auf die Qualität dieser Folgeprojekte.

Für die Projektführung sind daher entsprechende Ressourcen zur Verfügung zu stellen.

Die konkrete Gestaltung der Projektführung ist sehr umfangreich und könnte in einer Zusatzvereinbarung definiert werden.

Im Standard ISO 20700 werden folgende Themen als Bestandteil der Projektführung angeführt:

- Arbeitsumfang und abzuliefernde Lieferungen,
- Managementstruktur (einschließlich Klientenvertreter),
- Richtlinien, Prozesse und Methoden, die genutzt werden,
- Einschränkungen der Entscheidungsbefugnisse,
- Verantwortlichkeiten und Befugnisse der Interessenträger,
- Interaktionen wie z. B. Berichterstattung,
- Prozesse für Eskalation von Problemen,
- Prozess zu Identifikation und Management von Risiken,
- Mechanismen und Steuerungen, um ethisches Verhalten zu kontrollieren, zu unterstützen und durchzusetzen,
- Mechanismus, um die Berichterstattung von unethischem Verhalten ohne Angst vor Repressalien zu erleichtern.

Die Abb. 5.4 stellt die beispielhafte Berücksichtigung dieses Elements dar.

Einige dieser Bestandteile (wie z. B. Verantwortlichkeiten und Befugnisse der Interessenträger oder Prozess zu Identifikation und Management von Risiken) ergänzen die entsprechenden Elemente der Consulting Governance bzw. entsprechen der konkreten Umsetzung dieser Elemente.

5.1.3.5   Fähigkeiten

Die erforderlichen Fähigkeiten, die seitens Auftraggeber und Auftragnehmer zur Verfügung gestellt werden müssen, sind vielfältig und müs-

Element / Prozess	Grundsätzliche Zielsetzung	Anforderungsprofil definieren	Ausschreibung des Projektes	Beraterauswahl	Vertragsabschluss	Projekt-Governance / Struktur einrichten	Projektstart (Kick-Off)	Projekt durchführen	Lösung implementieren	Lösung abnehmen	Projekterfolg evaluieren	Lessons Learned (Debriefing)
Projektführung	◑	◑	●	●	●	●	●	●	●	◑	◑	●

○ Geringe Relevanz für das Projekt (erfordert lediglich die Vereinbarung, dass zu diesem Element keine spezifischen Regelungen getroffen werden). Besondere Vorkehrungen, zur Einhaltung der Anforderungen sind nicht notwendig.

◑ Mittlere Relevanz für das Projekt (Einfache Regelungen zum Element, z.B. durch Verweis auf Standards oder Regelungen durch Branchenverbände). Besondere Vorkehrungen werden evaluiert und sind möglicherweise relevant für den Projekterfolg.

● Hohe Relevanz für das Projekt (Detaillierte Regelung für das Element, typischerweise in eigenen Zusatzvereinbarungen definiert). Besondere Vorkehrungen müssen über den gesamten Projektverlauf gewährleistet sein.

Abb. 5.4 Beispielhafte Handhabung über den Projektverlauf (4)

Element / Prozess	Grundsätzliche Zielsetzung	Anforderungsprofil definieren	Ausschreibung des Projektes	Beraterauswahl	Vertragsabschluss	Projekt-Governance / Struktur einrichten	Projektstart (Kick-Off)	Projekt durchführen	Lösung implementieren	Lösung abnehmen	Projekterfolg evaluieren	Lessons Learned (Debriefing)
Fähigkeiten	◑	●	●	●	●	●	◑	●	●	◑	◑	◑

○ Geringe Relevanz für das Projekt (erfordert lediglich die Vereinbarung, dass zu diesem Element keine spezifischen Regelungen getroffen werden). Besondere Vorkehrungen, zur Einhaltung der Anforderungen sind nicht notwendig.

◑ Mittlere Relevanz für das Projekt (Einfache Regelungen zum Element, z.B. durch Verweis auf Standards oder Regelungen durch Branchenverbände). Besondere Vorkehrungen werden evaluiert und sind möglicherweise relevant für den Projekterfolg.

● Hohe Relevanz für das Projekt (Detaillierte Regelung für das Element, typischerweise in eigenen Zusatzvereinbarungen definiert). Besondere Vorkehrungen müssen über den gesamten Projektverlauf gewährleistet sein.

Abb. 5.5 Beispielhafte Handhabung über den Projektverlauf (5)

sen vor allem auch mit den notwendigen Kapazitäten bereitgestellt werden. Die Abschätzung der notwendigen Ressourcen muss daher zu Beginn des Projekts erfolgen und im Rahmen der Ausschreibung derart konkretisiert werden, dass die Berater konkrete Zusagen machen können. In der Praxis erfolgt allerdings die Detailplanung mit den Beratern gemeinsam und wird im Rahmen des Vertrags fixiert.

Die Abb. 5.5 stellt die beispielhafte Berücksichtigung dieses Elements dar.

Darüber hinaus können sich aber Rahmenbedingungen ändern, so-dass die entsprechenden Planungen laufend evaluiert und gegebenenfalls angepasst werden müssen.

Im Standard ISO 20700 werden folgende Kriterien zur Beschreibung der Fähigkeiten angeführt:

- Mitarbeiter, einschließlich Unterauftragnehmer (Sachverstand, Bera-tungskompetenzen und persönliche Kompetenzen);
- andere Ressourcen, einschließlich Zugang zu Spezialwissen, Methoden, Werkzeugen und Technologien und anderen relevanten Nichtper-sonalressourcen.

Dabei wird die Definition der erforderlichen Fähigkeiten im Vertrag fest-gehalten.

5.1.3.6 Kommunikation

Die rechtzeitige Einbindung interner und externer Interessenträger ist einer der Schlüsselfaktoren für derartige Projekte. Die Eigendynamik, die daraus entstehen kann, dass ein Projekt zu früh oder unvollständig kommuniziert wird, kann oft nicht mehr unter Kontrolle gebracht werden.

Aber auch durch eine zu spät erfolgte Kommunikation können Wider-stände aufgebaut werden, die nur mit großem Aufwand wieder abgebaut werden können.

Die Abb. 5.6 stellt die beispielhafte Berücksichtigung dieses Ele-ments dar.

Daher ist die Kommunikation zu derartigen Projekten in den gesam-ten Projektablauf integriert. Die Erreichung entsprechender Meilensteine ist Voraussetzung dafür, dass interne Interessenträger wie Eigentümer oder Mitarbeiter über Zwischenergebnisse oder den Projektfortschritt im Allgemeinen informiert werden.

Dazu wird seitens des Auftraggebers eine Person bestimmt, die auch in den Projektstrukturen entsprechend vertreten sein muss.

Element / Prozess	Grundsätzliche Zielsetzung	Anforderungsprofil definieren	Ausschreibung des Projektes	Beraterauswahl	Vertragsabschluss	Projekt-Governance / Struktur einrichten	Projektstart (Kick-Off)	Projekt durchführen	Lösung implementieren	Lösung abnehmen	Projekterfolg evaluieren	Lessons Learned (Debriefing)
Kommunikation	◐	◐	◐	●	●	●	●	●	◐	○	○	◐

○ Geringe Relevanz für das Projekt (erfordert lediglich die Vereinbarung, dass zu diesem Element keine spezifischen Regelungen getroffen werden). Besondere Vorkehrungen, zur Einhaltung der Anforderungen sind nicht notwendig.

◐ Mittlere Relevanz für das Projekt (Einfache Regelungen zum Element, z.B. durch Verweis auf Standards oder Regelungen durch Branchenverbände). Besondere Vorkehrungen werden evaluiert und sind möglicherweise relevant für den Projekterfolg.

● Hohe Relevanz für das Projekt (Detaillierte Regelung für das Element, typischerweise in eigenen Zusatzvereinbarungen definiert). Besondere Vorkehrungen müssen über den gesamten Projektverlauf gewährleistet sein.

Abb. 5.6 Beispielhafte Handhabung über den Projektverlauf (6)

5.1.3.7 Datenschutz und Vertraulichkeit

Für das gegenständliche Projekt muss die Frage, ob oder in welcher Form das Unternehmen expandiert, offen und ohne Tabus diskutiert werden können. Die vertrauliche Behandlung von Beratungsprojekten ist dabei grundsätzlich oft in den Berufsgrundsätzen geregelt bzw. es wird eine Vertraulichkeitserklärung unterzeichnet.

Darüber hinaus kann es aber notwendig sein, weitergehende Bestimmungen wie z. B. den Ausschluss, dass Berater innerhalb einer bestimmten Frist für Auftragnehmer in der gleichen Branche tätig werden, zu vereinbaren.

Inwieweit für das gegenständliche Projekt auch unternehmensinterne, personenbezogene Daten verarbeitet werden, muss im Rahmen der Projektdefinition erfolgen bzw. kann sich auch im Projektverlauf ergeben. Für diesen Fall sind entsprechende Methoden einzusetzen, um die Daten zu anonymisieren. Dies kann z. B. Lohndaten von Mitarbeiter betreffen, um Lohnkosten zu analysieren. Dabei ist es üblicherweise nicht notwendig, dass die Gehälter konkreter Personen dargestellt werden, sondern dass Lohnsummen für Organisationseinheiten verglichen werden. Bei Vorliegen von bestimmten Mindestgrößen, wäre ein Rückschluss auf einzelne Mitarbeiter nicht mehr möglich.

Element / Prozess	Grundsätzliche Zielsetzung	Anforderungsprofil definieren	Ausschreibung des Projektes	Beraterauswahl	Vertragsabschluss	Projekt-Governance / Struktur einrichten	Projektstart (Kick-Off)	Projekt durchführen	Lösung implementieren	Lösung abnehmen	Projekterfolg evaluieren	Lessons Learned (Debriefing)
Datenschutz und Vertraulichkeit	◑	◑	◑	◑	●	◑	◑	●	●	●	◑	◑

◯ Geringe Relevanz für das Projekt (erfordert lediglich die Vereinbarung, dass zu diesem Element keine spezifischen Regelungen getroffen werden). Besondere Vorkehrungen, zur Einhaltung der Anforderungen sind nicht notwendig.

◑ Mittlere Relevanz für das Projekt (Einfache Regelungen zum Element, z.B. durch Verweis auf Standards oder Regelungen durch Branchenverbände). Besondere Vorkehrungen werden evaluiert und sind möglicherweise relevant für den Projekterfolg.

● Hohe Relevanz für das Projekt (Detaillierte Regelung für das Element, typischerweise in eigenen Zusatzvereinbarungen definiert). Besondere Vorkehrungen müssen über den gesamten Projektverlauf gewährleistet sein.

Abb. 5.7 Beispielhafte Handhabung über den Projektverlauf (7)

Die Abb. 5.7 stellt die beispielhafte Berücksichtigung dieses Elements dar.

Im Rahmen der Consulting Governance für dieses Projekt sind die Vertraulichkeitserklärungen zu entwickeln und die Abläufe bei der Verarbeitung von (personenbezogenen) Daten zu definieren.

5.1.3.8 Schutz geistigen Eigentums

Dieses Element betrifft typischerweise mögliche Methoden oder Daten, die das Beratungsunternehmen in das Projekt einbringt. Für das gegenständliche Projekt könnten dies z. B. Benchmarks oder Datenbanken sein, auf die für die Berechnungen von Geschäftsmodellen zugegriffen wird.

Ergebnisse von Beratungsprojekten werden üblicherweise nicht dem geistigen Eigentum von Beratern zugerechnet. Ob und in welcher Form dies überhaupt möglich wäre, ist projektspezifisch zu klären.

Die Abb. 5.8 stellt die beispielhafte Berücksichtigung dieses Elements dar.

Jedenfalls müssten die Ansprüche spätestens im Vertrag offengelegt werden.

Element / Prozess	Grundsätzliche Zielsetzung	Anforderungsprofil definieren	Ausschreibung des Projektes	Beraterauswahl	Vertragsabschluss	Projekt-Governance / Struktur einrichten	Projektstart (Kick-Off)	Projekt durchführen	Lösung implementieren	Lösung abnehmen	Projekterfolg evaluieren	Lessons Learned (Debriefing)
Schutz geistigen Eigentums	◑	◑	◑	◑	●	○	○	◑	◑	◑	◑	◑

○ Geringe Relevanz für das Projekt (erfordert lediglich die Vereinbarung, dass zu diesem Element keine spezifischen Regelungen getroffen werden). Besondere Vorkehrungen, zur Einhaltung der Anforderungen sind nicht notwendig.

◑ Mittlere Relevanz für das Projekt (Einfache Regelungen zum Element, z.B. durch Verweis auf Standards oder Regelungen durch Branchenverbände). Besondere Vorkehrungen werden evaluiert und sind möglicherweise relevant für den Projekterfolg.

● Hohe Relevanz für das Projekt (Detaillierte Regelung für das Element, typischerweise in eigenen Zusatzvereinbarungen definiert). Besondere Vorkehrungen müssen über den gesamten Projektverlauf gewährleistet sein.

Abb. 5.8 Beispielhafte Handhabung über den Projektverlauf (8)

5.1.3.9 Gesellschaftliche Verantwortung

Die Strategie des Unternehmens in Bezug auf gesellschaftliche Verantwortung (CSR) sollte bereits im Rahmen der Ausschreibung dargelegt werden. Diese Strategie ist daher nicht projektspezifisch zu sehen, sondern sollte bereits in der Konzeptionsphase in die Überlegungen einfließen. Der konkrete Bezug des Projekts zur CSR-Strategie kann auch zu weiteren Überlegungen bzw. Anpassungen der CSR-Strategie führen. Diese Überlegungen und Abstimmungen müssen vor der eigentlichen Ausschreibung des Projekts erfolgen. Änderungen der CSR-Strategie während des Projektverlaufes könnten die Rahmenbedingungen für das Projekt deutlich verändern und sich auf die Zielerreichung negativ auswirken.

Die Abb. 5.9 stellt die beispielhafte Berücksichtigung dieses Elements dar.

Im Rahmen der Projektdurchführung muss gewährleistet werden, dass diese Strategie auch durchgehend umgesetzt wird. Dazu sollten auch in der Projektstruktur entsprechende Vorkehrungen getroffen werden. Dies kann dadurch geschehen, dass z. B. der CSR-Manager Teil des Leitungskomitees ist, oder dass Meilensteine im Projektablauf dazu definiert werden.

Element / Prozess	Grundsätzliche Zielsetzung	Anforderungsprofil definieren	Ausschreibung des Projektes	Beraterauswahl	Vertragsabschluss	Projekt-Governance / Struktur einrichten	Projektstart (Kick-Off)	Projekt durchführen	Lösung implementieren	Lösung abnehmen	Projekterfolg evaluieren	Lessons Learned (Debriefing)
Gesellschaftliche Verantwortung	◐	●	●	●	●	●	●	●	●	◐	◐	◐

○ Geringe Relevanz für das Projekt (erfordert lediglich die Vereinbarung, dass zu diesem Element keine spezifischen Regelungen getroffen werden). Besondere Vorkehrungen, zur Einhaltung der Anforderungen sind nicht notwendig.

◐ Mittlere Relevanz für das Projekt (Einfache Regelungen zum Element, z.B. durch Verweis auf Standards oder Regelungen durch Branchenverbände). Besondere Vorkehrungen werden evaluiert und sind möglicherweise relevant für den Projekterfolg.

● Hohe Relevanz für das Projekt (Detaillierte Regelung für das Element, typischerweise in eigenen Zusatzvereinbarungen definiert). Besondere Vorkehrungen müssen über den gesamten Projektverlauf gewährleistet sein.

Abb. 5.9 Beispielhafte Handhabung über den Projektverlauf (9)

5.1.3.10 Gesundheit und Sicherheit

Im Rahmen des konkreten Projekts sind keine signifikanten Risiken in Bezug auf Gesundheit und Sicherheit zu erwarten. Im Rahmen der konkreten Projektplanung unter Einbeziehung der geplanten Dienstleistungen sollte diese Annahme aber laufend überprüft werden. So könnten z. B. Reisetätigkeiten und der Besuch von Anlagen in exponierten Gebieten im Rahmen der Aufnahme der Ist-Situation Risiken mit sich bringen.

Weiters ist aufgrund des Geschäftsfeldes des Unternehmens, insbesondere des Baus und Betriebs von Atomkraftwerken, dieses Element der Consulting Governance mit besonderer Sorgfalt zu beobachten. Für die geplanten Folgeprojekte, die operative Umsetzung der Strategie, sind Risiken in diesem Bereich zu erwarten.

Die Abb. 5.10 stellt die beispielhafte Berücksichtigung dieses Elements dar.

5.1.3.11 Risiko- und Qualitätsmanagement

Die Risiken betreffen sowohl die Umsetzung des konkreten Projekts als auch die geplanten Folgeprojekte.

Element / Prozess	Grundsätzliche Zielsetzung	Anforderungsprofil definieren	Ausschreibung des Projektes	Beraterauswahl	Vertragsabschluss	Projekt-Governance / Struktur einrichten	Projektstart (Kick-Off)	Projekt durchführen	Lösung implementieren	Lösung abnehmen	Projekterfolg evaluieren	Lessons Learned (Debriefing)
Gesundheit und Sicherheit	◐	◐	◐	◐	●	◐	◐	●	●	◐	◐	◐

○ Geringe Relevanz für das Projekt (erfordert lediglich die Vereinbarung, dass zu diesem Element keine spezifischen Regelungen getroffen werden). Besondere Vorkehrungen, zur Einhaltung der Anforderungen sind nicht notwendig.

◐ Mittlere Relevanz für das Projekt (Einfache Regelungen zum Element, z.B. durch Verweis auf Standards oder Regelungen durch Branchenverbände). Besondere Vorkehrungen werden evaluiert und sind möglicherweise relevant für den Projekterfolg.

● Hohe Relevanz für das Projekt (Detaillierte Regelung für das Element, typischerweise in eigenen Zusatzvereinbarungen definiert). Besondere Vorkehrungen müssen über den gesamten Projektverlauf gewährleistet sein.

Abb. 5.10 Beispielhafte Handhabung über den Projektverlauf (10)

Risiken, die sich in der Projektumsetzung darstellen, sind z. B.

- Verfügbarkeit der geplanten Ressourcen,
- Fehler in der Bewertung von Kalkulationsunterlagen,
- Fehler in der Bewertung von politischen Risiken,
- Fehler in der Einschätzung des Marktpotenzials,
- Fehler in der Beurteilung der kritischen Lieferketten.

Die Abb. 5.11 stellt die beispielhafte Berücksichtigung dieses Elements dar.

Die Risiken sollten gemeinsam mit dem Beratungsunternehmen im Rahmen der Auftragsphase weiterentwickelt werden und ein entsprechendes Qualitätsmanagement zur Vermeidung der Fehler implementiert werden.

5.1.3.12   Garantien

Das Beratungsunternehmen kann für die Erbringung der Leistungen Garantien übernehmen und muss dazu die Bewertungskriterien und Rahmenbedingungen definieren. Mögliche Garantien sind folgende:

Element / Prozess	Grundsätzliche Zielsetzung	Anforderungsprofil definieren	Ausschreibung des Projektes	Beraterauswahl	Vertragsabschluss	Projekt-Governance / Struktur einrichten	Projektstart (Kick-Off)	Projekt durchführen	Lösung implementieren	Lösung abnehmen	Projekterfolg evaluieren	Lessons Learned (Debriefing)
Risiko- und Qualitätsmanagement	◑	●	●	◑	●	●	◑	●	●	●	◑	●	◑

○ Geringe Relevanz für das Projekt (erfordert lediglich die Vereinbarung, dass zu diesem Element keine spezifischen Regelungen getroffen werden). Besondere Vorkehrungen, zur Einhaltung der Anforderungen sind nicht notwendig.

◑ Mittlere Relevanz für das Projekt (Einfache Regelungen zum Element, z.B. durch Verweis auf Standards oder Regelungen durch Branchenverbände). Besondere Vorkehrungen werden evaluiert und sind möglicherweise relevant für den Projekterfolg.

● Hohe Relevanz für das Projekt (Detaillierte Regelung für das Element, typischerweise in eigenen Zusatzvereinbarungen definiert). Besondere Vorkehrungen müssen über den gesamten Projektverlauf gewährleistet sein.

Abb. 5.11 Beispielhafte Handhabung über den Projektverlauf (11)

Element / Prozess	Grundsätzliche Zielsetzung	Anforderungsprofil definieren	Ausschreibung des Projektes	Beraterauswahl	Vertragsabschluss	Projekt-Governance / Struktur einrichten	Projektstart (Kick-Off)	Projekt durchführen	Lösung implementieren	Lösung abnehmen	Projekterfolg evaluieren	Lessons Learned (Debriefing)
Garantien	◑	●	●	◑	●	◑	◑	◑	●	◑	◑	◑

○ Geringe Relevanz für das Projekt (erfordert lediglich die Vereinbarung, dass zu diesem Element keine spezifischen Regelungen getroffen werden). Besondere Vorkehrungen, zur Einhaltung der Anforderungen sind nicht notwendig.

◑ Mittlere Relevanz für das Projekt (Einfache Regelungen zum Element, z.B. durch Verweis auf Standards oder Regelungen durch Branchenverbände). Besondere Vorkehrungen werden evaluiert und sind möglicherweise relevant für den Projekterfolg.

● Hohe Relevanz für das Projekt (Detaillierte Regelung für das Element, typischerweise in eigenen Zusatzvereinbarungen definiert). Besondere Vorkehrungen müssen über den gesamten Projektverlauf gewährleistet sein.

Abb. 5.12 Beispielhafte Handhabung über den Projektverlauf (12)

- Bereitstellung der vereinbarten Ressourcen,
- Erbringung der vereinbarten Dienstleistungen entsprechend des Standes der Technik sowie des vereinbarten Qualitätssicherungssystems

Die Abb. 5.12 stellt die beispielhafte Berücksichtigung dieses Elements dar.

5.2 Fallstudie 2: Lean Consulting Governance

Ein rechtlich bindender Vertrag für Projekte mit geringem Komplexitätsgrad und Umfang kann ein schriftlicher Vertrag sein. In vielen Fällen ist aufgrund des Projektumfanges eine Mail ausreichend. In dieser Mail können neben den kaufmännischen Rahmenbedingungen auch die Consulting-Governance-Elemente vereinbart werden.

Rechtlich bindend wäre auch ein „Handschlag", also eine mündliche Vereinbarung. Allerdings würde diese Art der Vereinbarung dem Anspruch der Consulting Governance widersprechen, die jeweiligen Vereinbarungen gemeinsam und transparent festzuhalten.

5.2.1 Der Auftraggeber

Das Unternehmen ist eine klassische Tischlerei, die sich in dritter Generation im Familienbesitz befindet. Der Inhaber führt das Unternehmen seit ca. 15 Jahren, sein Sohn befindet sich am Ende seiner Ausbildung als Tischler, eine Übernahme des Betriebes durch ihn könnte mittelfristig erfolgen.

Das Unternehmen hat ca. 10 Mitarbeiter, die Ertragslage ist stabil, es wird ein Gewinn erwirtschaftet, der ein adäquates Leben der Familie und die Finanzierung laufender Investition ermöglicht.

Kunden sind Privatpersonen sowie Architekten für kleinere Projekte. Jedes Projekt wird individuell geplant und umgesetzt. Die persönliche Betreuung durch den Meister wird von den Kunden geschätzt. Neue Kunden werden durch Weiterempfehlungen gewonnen.

5.2.2 Das Projekt

Im Rahmen des Projekts soll die mittelfristige Strategie für das Unternehmen entwickelt werden. Dabei soll insbesondere auf die nachhaltige Entwicklung des Unternehmens eingegangen werden, sodass die nächste Generation auf einer guten Basis aufbauen kann. Sollte das nicht möglich sein, soll das Unternehmen für einen möglichen Verkauf entwickelt werden.

Ein Wachstum der Zahl der Mitarbeiter wird zwar nicht ausgeschlossen, steht aber nicht im Fokus des Unternehmers. Die derzeitige Größe des Unternehmens ist aus seiner Sicht einer der Gründe für die gute Teamarbeit und die damit verbundene hohe Qualität.

Der Unternehmer möchte auch die Mitarbeiter und Kunden keinesfalls verunsichern. Das Projekt ist nicht als Sanierungsmaßnahme notwendig, sondern soll durch das Einbringen einer externen Sicht den Zugang zu neuen Ideen und die Überprüfung bestehender Denkmuster ermöglichen.

> Auch Projekte mit geringem Komplexitätsgrad können Herausforderungen beinhalten, die eine hohe Expertise und Erfahrung des Beraters benötigen. Dazu gehören unter anderem die persönliche Betroffenheit des Unternehmers bzw. seiner Familie oder Ressourcen, die nur in beschränktem Ausmaß zur Verfügung stehen.

5.2.3 Beispielhafte konkrete Behandlung der Elemente der Consulting Governance

5.2.3.1 Regulatorischer Rahmen

Der regulatorische Rahmen ist für das Projekt weitestgehend durch die gesetzlichen Rahmenbestimmungen abgedeckt. Gesonderte Vereinbarungen dazu sind nicht notwendig. Dies sollte aber in der Vereinbarung festgehalten werden. Erst im Rahmen einer möglichen Implementierungsphase könnten spezifische regulatorische Rahmenbedingungen (z. B. Konsumentenschutz oder Datenschutzgrundverordnung) zur Anwendung kommen. Ein grundsätzliches Bewusstsein seitens des Beraters dazu kann vorausgesetzt werden.

Die Abb. 5.13 stellt die beispielhafte Berücksichtigung dieses Elements dar.

Element / Prozess	Grundsätzliche Zielsetzung	Anforderungsprofil definieren	Ausschreibung des Projektes	Beraterauswahl	Vertragsabschluss	Projekt-Governance / Struktur einrichten	Projektstart (Kick-Off)	Projekt durchführen	Lösung implementieren	Lösung abnehmen	Projekterfolg evaluieren	Lessons Learned (Debriefing)
Regulatorischer Rahmen	○	○	◐	◐	●	○	○	○	○	◐	○	○

○ Geringe Relevanz für das Projekt (erfordert lediglich die Vereinbarung, dass zu diesem Element keine spezifischen Regelungen getroffen werden). Besondere Vorkehrungen, zur Einhaltung der Anforderungen sind nicht notwendig.

◐ Mittlere Relevanz für das Projekt (Einfache Regelungen zum Element, z.B. durch Verweis auf Standards oder Regelungen durch Branchenverbände). Besondere Vorkehrungen werden evaluiert und sind möglicherweise relevant für den Projekterfolg.

● Hohe Relevanz für das Projekt (Detaillierte Regelung für das Element, typischerweise in eigenen Zusatzvereinbarungen definiert). Besondere Vorkehrungen müssen über den gesamten Projektverlauf gewährleistet sein.

Abb. 5.13 Beispielhafte Handhabung über den Projektverlauf (13)

5.2.3.2 Einbeziehung und Verpflichtung der Interessenträger

Abgesehen vom Unternehmer gibt es nur einen sehr eingeschränkten Kreis relevanter Interessenträger:

- der Sohn als möglicher Nachfolger,
- die Mitarbeiter,
- Lieferanten.

Ob und zu welchem Zeitpunkt diese Interessenträger eingebunden werden, muss im Projektverlauf entschieden werden und hängt von den spezifischen Rahmenbedingungen ab. Zu Beginn des Projekts ist die Rolle des Sohnes noch nicht klar.

Auch der richtige Zeitpunkt zur Information der Mitarbeiter bzw. Lieferanten hängt vom Projektverlauf ab. Es ist durchaus möglich, dass das Ergebnis des Projekts ist, keine wesentlichen Änderungen in der bestehenden Strategie vorzunehmen, und eine vorzeitige Information eine Verunsicherung erzeugt.

Anderseits arbeiten die Mitarbeiter sehr eng im Team zusammen und können wertvolle Beiträge zum Projekt liefern.

Element / Prozess	Grundsätzliche Zielsetzung	Anforderungsprofil definieren	Ausschreibung des Projektes	Beraterauswahl	Vertragsabschluss	Projekt-Governance / Struktur einrichten	Projektstart (Kick-Off)	Projekt durchführen	Lösung implementieren	Lösung abnehmen	Projekterfolg evaluieren	Lessons Learned (Debriefing)
Einbeziehung und Verpflichtung der Interessenträger	◑	◑	◑	◑	◑	●	○	●	●	●	◑	○	○

○ Geringe Relevanz für das Projekt (erfordert lediglich die Vereinbarung, dass zu diesem Element keine spezifischen Regelungen getroffen werden). Besondere Vorkehrungen, zur Einhaltung der Anforderungen sind nicht notwendig.

◑ Mittlere Relevanz für das Projekt (Einfache Regelungen zum Element, z.B. durch Verweis auf Standards oder Regelungen durch Branchenverbände). Besondere Vorkehrungen werden evaluiert und sind möglicherweise relevant für den Projekterfolg.

● Hohe Relevanz für das Projekt (Detaillierte Regelung für das Element, typischerweise in eigenen Zusatzvereinbarungen definiert). Besondere Vorkehrungen müssen über den gesamten Projektverlauf gewährleistet sein.

Abb. 5.14 Beispielhafte Handhabung über den Projektverlauf (14)

Die Abb. 5.14 stellt die beispielhafte Berücksichtigung dieses Elements dar.

Jedenfalls muss zu Projektbeginn eine klare Vorgangsweise vorliegen. Diese Vorgangsweise kann auch darin bestehen, die notwendigen Entscheidungen gemeinsam zu einem vereinbarten späteren Zeitpunkt zu treffen. Damit wäre bis zu dieser Entscheidung neben dem Berater lediglich der Unternehmer in das Projekt eingebunden.

5.2.3.3 Verhaltenskodex und Berufsgrundsätze

Abgesehen von branchenüblichen Berufsgrundsätzen, die vom Branchenverband der Unternehmensberater herausgegeben werden, sind keine weiteren Regelungen notwendig. In der Vereinbarung sollte aber auf den relevanten Verhaltenscodex verwiesen werden.

Die Abb. 5.15 stellt die beispielhafte Berücksichtigung dieses Elements dar.

5.2.3.4 Projektführung

Aufgrund des Projektumfanges ist eine umfangreiche Projektstruktur nicht möglich und sinnvoll. Das Minimalerfordernis eines konkreten

Element / Prozess	Grundsätzliche Zielsetzung	Anforderungsprofil definieren	Ausschreibung des Projektes	Beraterauswahl	Vertragsabschluss	Projekt-Governance / Struktur einrichten	Projektstart (Kick-Off)	Projekt durchführen	Lösung implementieren	Lösung abnehmen	Projekterfolg evaluieren	Lessons Learned (Debriefing)
Verhaltenskodex und Berufsgrundsätze	◯	◯	◯	◯	◯	●	◯	◯	◯	◯	◯	◯

◯ Geringe Relevanz für das Projekt (erfordert lediglich die Vereinbarung, dass zu diesem Element keine spezifischen Regelungen getroffen werden). Besondere Vorkehrungen, zur Einhaltung der Anforderungen sind nicht notwendig.

◑ Mittlere Relevanz für das Projekt (Einfache Regelungen zum Element, z.B. durch Verweis auf Standards oder Regelungen durch Branchenverbände). Besondere Vorkehrungen werden evaluiert und sind möglicherweise relevant für den Projekterfolg.

● Hohe Relevanz für das Projekt (Detaillierte Regelung für das Element, typischerweise in eigenen Zusatzvereinbarungen definiert). Besondere Vorkehrungen müssen über den gesamten Projektverlauf gewährleistet sein.

Abb. 5.15 Beispielhafte Handhabung über den Projektverlauf (15)

Zeitplans ist aber zu vereinbaren. Dieser Zeitplan sollte die vereinbarten Dienstleistungen und das erwartete Ergebnis (Bericht, Protokoll, Studie, Kalkulation etc.) enthalten.

Erst für mögliche Nachfolgeprojekte zur konkreten Implementierung könnte ein umfangreicherer Projektplan erforderlich sein. Dies insbesondere dann, wenn mehrere beteiligte Personen (Mitarbeiter, Lieferanten) zu koordinieren sind.

Die Abb. 5.16 stellt die beispielhafte Berücksichtigung dieses Elements dar.

5.2.3.5 Fähigkeiten

Die verfügbaren Fähigkeiten seitens des Unternehmens sind durch den Umstand vorgegeben, dass der Unternehmer Ansprechperson ist. Projekte dieser Größenordnung werden oft durch Einzelberater oder kleinere Beratungsunternehmen umgesetzt, sodass auch aus dieser Sicht die verfügbaren Fähigkeiten vorgegeben sind.

Im Rahmen der Implementierung könnten allerdings weitere Fähigkeiten gefragt sein. Um welche konkreten Fähigkeiten es sich dabei handelt, wird erst im Projektverlauf erarbeitet. Beispielsweise könnte es sich dabei um Know-how in den Bereichen

Element / Prozess	Grundsätzliche Zielsetzung	Anforderungsprofil definieren	Ausschreibung des Projektes	Beraterauswahl	Vertragsabschluss	Projekt-Governance / Struktur einrichten	Projektstart (Kick-Off)	Projekt durchführen	Lösung implementieren	Lösung abnehmen	Projekterfolg evaluieren	Lessons Learned (Debriefing)
Projektführung	◐	◐	◐	◐	●	◐	◐	◐	◐	◐	◐	●

○ Geringe Relevanz für das Projekt (erfordert lediglich die Vereinbarung, dass zu diesem Element keine spezifischen Regelungen getroffen werden). Besondere Vorkehrungen, zur Einhaltung der Anforderungen sind nicht notwendig.

◐ Mittlere Relevanz für das Projekt (Einfache Regelungen zum Element, z.B. durch Verweis auf Standards oder Regelungen durch Branchenverbände). Besondere Vorkehrungen werden evaluiert und sind möglicherweise relevant für den Projekterfolg.

● Hohe Relevanz für das Projekt (Detaillierte Regelung für das Element, typischerweise in eigenen Zusatzvereinbarungen definiert). Besondere Vorkehrungen müssen über den gesamten Projektverlauf gewährleistet sein.

Abb. 5.16 Beispielhafte Handhabung über den Projektverlauf (16)

Element / Prozess	Grundsätzliche Zielsetzung	Anforderungsprofil definieren	Ausschreibung des Projektes	Beraterauswahl	Vertragsabschluss	Projekt-Governance / Struktur einrichten	Projektstart (Kick-Off)	Projekt durchführen	Lösung implementieren	Lösung abnehmen	Projekterfolg evaluieren	Lessons Learned (Debriefing)
Fähigkeiten	◐	●	●	◐	●	◐	○	●	●	◐	◐	○

○ Geringe Relevanz für das Projekt (erfordert lediglich die Vereinbarung, dass zu diesem Element keine spezifischen Regelungen getroffen werden). Besondere Vorkehrungen, zur Einhaltung der Anforderungen sind nicht notwendig.

◐ Mittlere Relevanz für das Projekt (Einfache Regelungen zum Element, z.B. durch Verweis auf Standards oder Regelungen durch Branchenverbände). Besondere Vorkehrungen werden evaluiert und sind möglicherweise relevant für den Projekterfolg.

● Hohe Relevanz für das Projekt (Detaillierte Regelung für das Element, typischerweise in eigenen Zusatzvereinbarungen definiert). Besondere Vorkehrungen müssen über den gesamten Projektverlauf gewährleistet sein.

Abb. 5.17 Beispielhafte Handhabung über den Projektverlauf (17)

- IT/Digitalisierung,
- Kommunikation/Werbung,
- Logistik,
- Einkauf

handeln.

Die Abb. 5.17 stellt die beispielhafte Berücksichtigung dieses Elements dar.

Somit sollte in der Vereinbarung festgehalten werden, dass die Notwendigkeit für möglicherweise erforderliches Spezial-Know-how im Zuge des Projekts erarbeitet wird.

5.2.3.6 Kommunikation

Die Kommunikation erfolgt in Abstimmung mit der Einbindung relevanter Interessenträger. Darüber hinaus ist vorerst keine weitere Kommunikation geplant und das Projekt unterliegt der Vertraulichkeit. Erst im Zuge der Implementierung könnten weitere Kommunikationsmaßnahmen erforderlich sein.

Die Abb. 5.18 stellt die beispielhafte Berücksichtigung dieses Elements dar.

5.2.3.7 Datenschutz und Vertraulichkeit

Der Datenschutz sowie die Vertraulichkeit sind üblicherweise im Verhaltenscodex bzw. den Berufsgrundsätzen geregelt. Darüber hinaus sind aufgrund des vorliegenden Projektumfanges keine weiteren Regelungen notwendig.

Element / Prozess	Grundsätzliche Zielsetzung	Anforderungsprofil definieren	Ausschreibung des Projektes	Beraterauswahl	Vertragsabschluss	Projekt-Governance / Struktur einrichten	Projektstart (Kick-Off)	Projekt durchführen	Lösung implementieren	Lösung abnehmen	Projekterfolg evaluieren	Lessons Learned (Debriefing)
Kommunikation	○	○	○	○	●	○	○	○	○	○	○	○

○ Geringe Relevanz für das Projekt (erfordert lediglich die Vereinbarung, dass zu diesem Element keine spezifischen Regelungen getroffen werden). Besondere Vorkehrungen, zur Einhaltung der Anforderungen sind nicht notwendig.

◖ Mittlere Relevanz für das Projekt (Einfache Regelungen zum Element, z.B. durch Verweis auf Standards oder Regelungen durch Branchenverbände). Besondere Vorkehrungen werden evaluiert und sind möglicherweise relevant für den Projekterfolg.

● Hohe Relevanz für das Projekt (Detaillierte Regelung für das Element, typischerweise in eigenen Zusatzvereinbarungen definiert). Besondere Vorkehrungen müssen über den gesamten Projektverlauf gewährleistet sein.

Abb. 5.18 Beispielhafte Handhabung über den Projektverlauf (18)

Element / Prozess	Grundsätzliche Zielsetzung	Anforderungsprofil definieren	Ausschreibung des Projektes	Beraterauswahl	Vertragsabschluss	Projekt-Governance / Struktur einrichten	Projektstart (Kick-Off)	Projekt durchführen	Lösung implementieren	Lösung abnehmen	Projekterfolg evaluieren	Lessons Learned (Debriefing)
Datenschutz und Vertraulichkeit	◯	◯	◑	◑	●	◯	◯	◯	◯	◯	◯	◯

◯ Geringe Relevanz für das Projekt (erfordert lediglich die Vereinbarung, dass zu diesem Element keine spezifischen Regelungen getroffen werden). Besondere Vorkehrungen, zur Einhaltung der Anforderungen sind nicht notwendig.

◑ Mittlere Relevanz für das Projekt (Einfache Regelungen zum Element, z.B. durch Verweis auf Standards oder Regelungen durch Branchenverbände). Besondere Vorkehrungen werden evaluiert und sind möglicherweise relevant für den Projekterfolg.

● Hohe Relevanz für das Projekt (Detaillierte Regelung für das Element, typischerweise in eigenen Zusatzvereinbarungen definiert). Besondere Vorkehrungen müssen über den gesamten Projektverlauf gewährleistet sein.

Abb. 5.19 Beispielhafte Handhabung über den Projektverlauf (19)

Die Abb. 5.19 stellt die beispielhafte Berücksichtigung dieses Elements dar.

In der Vereinbarung sollte zu diesem Element ein Verweis auf den Verhaltenscodex bzw. die Berufsgrundsätze erfolgen.

5.2.3.8 Schutz geistigen Eigentums

Dieses Element der Consulting Governance könnte spezifische Methoden oder Daten betreffen, die seitens des Beraters für das Projekt eingesetzt werden. Davon ist aufgrund der Art und des Umfanges des Projekts aber nicht auszugehen. Daher ist eine gesonderte Regelung, dass seitens des Beraters geistiges Eigentum im Projekt eingesetzt wird, für das Rechte angemeldet werden, für derartige Projekte üblicherweise nicht relevant.

Die Abb. 5.20 stellt die beispielhafte Berücksichtigung dieses Elements dar.

In der Vereinbarung sollte aber ein Verweis angeführt sein, dass seitens des Beraters kein geistiges Eigentum eingesetzt wird, für das Rechte angemeldet werden.

Element / Prozess	Grundsätzliche Zielsetzung	Anforderungsprofil definieren	Ausschreibung des Projektes	Beraterauswahl	Vertragsabschluss	Projekt-Governance / Struktur einrichten	Projektstart (Kick-Off)	Projekt durchführen	Lösung implementieren	Lösung abnehmen	Projekterfolg evaluieren	Lessons Learned (Debriefing)
Schutz geistigen Eigentums	O	O	O	O	●	O	O	O	O	O	O	O

O Geringe Relevanz für das Projekt (erfordert lediglich die Vereinbarung, dass zu diesem Element keine spezifischen Regelungen getroffen werden). Besondere Vorkehrungen, zur Einhaltung der Anforderungen sind nicht notwendig.

◑ Mittlere Relevanz für das Projekt (Einfache Regelungen zum Element, z.B. durch Verweis auf Standards oder Regelungen durch Branchenverbände). Besondere Vorkehrungen werden evaluiert und sind möglicherweise relevant für den Projekterfolg.

● Hohe Relevanz für das Projekt (Detaillierte Regelung für das Element, typischerweise in eigenen Zusatzvereinbarungen definiert). Besondere Vorkehrungen müssen über den gesamten Projektverlauf gewährleistet sein.

Abb. 5.20 Beispielhafte Handhabung über den Projektverlauf (20)

5.2.3.9 Gesellschaftliche Verantwortung

Die Entscheidung, ob das Unternehmen die gesellschaftliche Verantwortung über die Einhaltung geltender gesetzlicher Vorschriften hinaus wahrnehmen möchte, könnte Teil des Projekts sein. Für den Unternehmer könnte dieser Anspruch wichtig sein, der wie jede andere Rahmenbedingung zu vereinbaren ist.

Darüber hinaus könnte bereits für die Auswahl des Beraters eine entsprechende Anforderung definiert werden.

Eine Berücksichtigung dieses Elements der Consulting Governance in den Zielvereinbarungen oder der Projektführung ist aber nicht erforderlich.

Die Abb. 5.21 stellt die beispielhafte Berücksichtigung dieses Elements dar.

5.2.3.10 Gesundheit und Sicherheit

Maßnahmen zur Wahrung von Gesundheit und Sicherheit, die über die gesetzlichen Bestimmungen (z. B. zur Arbeitssicherheit) sind im Rahmen des Projekts nicht erforderlich.

Im Zuge des Projektverlaufes könnten sich aber Aspekte ergeben, die entsprechende Vorkehrungen erforderlich machen. Dazu ist sowohl sei-

Element / Prozess	Grundsätzliche Zielsetzung	Anforderungsprofil definieren	Ausschreibung des Projektes	Beraterauswahl	Vertragsabschluss	Projekt-Governance / Struktur einrichten	Projektstart (Kick-Off)	Projekt durchführen	Lösung implementieren	Lösung abnehmen	Projekterfolg evaluieren	Lessons Learned (Debriefing)
Gesellschaftliche Verantwortung	○	○	◑	◑	●	○	○	◑	○	○	○	○

○ Geringe Relevanz für das Projekt (erfordert lediglich die Vereinbarung, dass zu diesem Element keine spezifischen Regelungen getroffen werden). Besondere Vorkehrungen, zur Einhaltung der Anforderungen sind nicht notwendig.

◑ Mittlere Relevanz für das Projekt (Einfache Regelungen zum Element, z.B. durch Verweis auf Standards oder Regelungen durch Branchenverbände). Besondere Vorkehrungen werden evaluiert und sind möglicherweise relevant für den Projekterfolg.

● Hohe Relevanz für das Projekt (Detaillierte Regelung für das Element, typischerweise in eigenen Zusatzvereinbarungen definiert). Besondere Vorkehrungen müssen über den gesamten Projektverlauf gewährleistet sein.

Abb. 5.21 Beispielhafte Handhabung über den Projektverlauf (21)

Element / Prozess	Grundsätzliche Zielsetzung	Anforderungsprofil definieren	Ausschreibung des Projektes	Beraterauswahl	Vertragsabschluss	Projekt-Governance / Struktur einrichten	Projektstart (Kick-Off)	Projekt durchführen	Lösung implementieren	Lösung abnehmen	Projekterfolg evaluieren	Lessons Learned (Debriefing)
Gesundheit und Sicherheit	○	◑	○	○	●	○	○	○	○	○	○	○

○ Geringe Relevanz für das Projekt (erfordert lediglich die Vereinbarung, dass zu diesem Element keine spezifischen Regelungen getroffen werden). Besondere Vorkehrungen, zur Einhaltung der Anforderungen sind nicht notwendig.

◑ Mittlere Relevanz für das Projekt (Einfache Regelungen zum Element, z.B. durch Verweis auf Standards oder Regelungen durch Branchenverbände). Besondere Vorkehrungen werden evaluiert und sind möglicherweise relevant für den Projekterfolg.

● Hohe Relevanz für das Projekt (Detaillierte Regelung für das Element, typischerweise in eigenen Zusatzvereinbarungen definiert). Besondere Vorkehrungen müssen über den gesamten Projektverlauf gewährleistet sein.

Abb. 5.22 Beispielhafte Handhabung über den Projektverlauf (22)

tens des Auftraggebers als auch seitens des Beraters eine entsprechende Sensibilisierung erforderlich.

Die Abb. 5.22 stellt die beispielhafte Berücksichtigung dieses Elements dar.

Für die Vereinbarung ist daher ein Verweis ausreichend, dass zu Projektbeginn zur Gesundheit und Sicherheit keine spezifischen Vorkehrungen getroffen werden, die über die gesetzlichen Bestimmungen hinausgehen.

5.2.3.11   Risiko- und Qualitätsmanagement

Aus Sicht des Unternehmens können sich im Rahmen der Durchführung des Projekts Risiken ergeben, die entsprechende Maßnahmen zur Qualitätssicherung erfordern. Beispiele dafür sind:

- Fehler in der Bewertung von Kalkulationsunterlagen,
- Fehler in der Einschätzung des Marktpotenzials,
- Fehler in der Erstellung von Planrechnungen,
- Fehler in der Aufbereitung von Entscheidungsgrundlagen.

Diese Risiken sollten durch Auftraggeber und Auftragnehmer gemeinsam offengelegt werden. Schon das Bewusstsein zu den Risiken hilft, die Fehler zu vermeiden.

Ein umfangreiches Qualitätsmanagementsystem wird auch aus wirtschaftlichen Überlegungen nur in Ausnahmefällen sinnvoll sein. Für kritische Risiken könnten aber punktuelle Maßnahmen vereinbart werden, wie z. B.:

- 4-Augen-Prinzip für kritische Berichte und Auswertungen,
- Plausibilitätsprüfungen für Planrechnungen,
- Verwendung standardisierter Musterberechnungen.

Die Höhe der zusätzlichen Aufwände, die sich daraus ergeben, sollte dadurch im vertretbaren Ausmaß bleiben.

Die Abb. 5.23 stellt die beispielhafte Berücksichtigung dieses Elements dar.

5.2.3.12   Garantien

Garantien, die über den gesetzlichen Gewährleistungsanspruch hinaus gehen, sind für das Projekt nicht relevant.

Allerdings sollte bei Auftragnehmer und Auftraggeber Klarheit darüber bestehen, welche Arten von Gewährleistungen bzw. Garantien gesetzlich vorgesehen sind und worauf sich diese Gewährleistungen bzw. Garantien im Rahmen des konkreten Projekts beziehen.

Element / Prozess	Grundsätzliche Zielsetzung	Anforderungsprofil definieren	Ausschreibung des Projektes	Beraterauswahl	Vertragsabschluss	Projekt-Governance / Struktur einrichten	Projektstart (Kick-Off)	Projekt durchführen	Lösung implementieren	Lösung abnehmen	Projekterfolg evaluieren	Lessons Learned (Debriefing)
Risiko- und Qualitätsmanagement	○	○	○	◐	●	◐	○	◐	◐	○	○	○

○ Geringe Relevanz für das Projekt (erfordert lediglich die Vereinbarung, dass zu diesem Element keine spezifischen Regelungen getroffen werden). Besondere Vorkehrungen, zur Einhaltung der Anforderungen sind nicht notwendig.

◐ Mittlere Relevanz für das Projekt (Einfache Regelungen zum Element, z.B. durch Verweis auf Standards oder Regelungen durch Branchenverbände). Besondere Vorkehrungen werden evaluiert und sind möglicherweise relevant für den Projekterfolg.

● Hohe Relevanz für das Projekt (Detaillierte Regelung für das Element, typischerweise in eigenen Zusatzvereinbarungen definiert). Besondere Vorkehrungen müssen über den gesamten Projektverlauf gewährleistet sein.

Abb. 5.23 Beispielhafte Handhabung über den Projektverlauf (23)

Element / Prozess	Grundsätzliche Zielsetzung	Anforderungsprofil definieren	Ausschreibung des Projektes	Beraterauswahl	Vertragsabschluss	Projekt-Governance / Struktur einrichten	Projektstart (Kick-Off)	Projekt durchführen	Lösung implementieren	Lösung abnehmen	Projekterfolg evaluieren	Lessons Learned (Debriefing)
Garantien	○	○	○	○	◐	○	○	○	○	○	◐	○

○ Geringe Relevanz für das Projekt (erfordert lediglich die Vereinbarung, dass zu diesem Element keine spezifischen Regelungen getroffen werden). Besondere Vorkehrungen sind nicht notwendig.

◐ Mittlere Relevanz für das Projekt (Einfache Regelungen zum Element, z.B. durch Verweis auf Standards oder Regelungen durch Branchenverbände). Besondere Vorkehrungen werden evaluiert und sind möglicherweise relevant für den Projekterfolg.

● Hohe Relevanz für das Projekt (Detaillierte Regelung für das Element, typischerweise in eigenen Zusatzvereinbarungen definiert). Besondere Vorkehrungen müssen über den gesamten Projektverlauf gewährleistet sein.

Abb. 5.24 Beispielhafte Handhabung über den Projektverlauf (24)

Im Rahmen der Vereinbarung ist ein Verweis, dass über die gesetzlichen Bestimmungen hinaus keine weiteren Vereinbarungen zur Sicherung von Leistungen getroffen wurden, festzuhalten.

Die Abb. 5.24 stellt die beispielhafte Berücksichtigung dieses Elements dar.

5.3   Key Points

Für Berater

1. Durch die Klärung der Rahmenbedingungen wird Freiraum für eine fokussierte und effiziente Projektumsetzung geschaffen. Die konkrete Anwendung der Consulting Governance beeinträchtigt nicht die Individualität und Kreativität in der Projektumsetzung.
2. Die Consulting Governance gibt einen Rahmen für die Vertragsgestaltung zwischen Auftraggeber und Auftragnehmer vor.
3. Die Vereinbarung muss rechtlich bindend erfolgen. Um den Anforderungen zur Consulting Governance zu entsprechen, sollte sie aber schriftlich sein. In mündlichen Vereinbarungen ist die notwendige Transparenz und Nachvollziehbarkeit nicht gewährleistet.
4. Die Vereinbarung sollte neben den grundsätzlichen Regelungen zu den Elementen der Consulting Governance auch die Sicherstellung beinhalten, wie diese Elemente über den gesamten Projektverlauf gewährleistet sind. Diese Gewährleistung wird dadurch erreicht, dass die Vereinbarungen zu den Elementen in der Projektführung berücksichtigt werden.
5. Zur Umsetzung der Consulting Governance können aus Beratersicht zu den einzelnen Elementen grundsätzliche Vorgangsweisen und Methoden erarbeitet werden. Die projektspezifischen Anpassungen werden dann mit dem Auftraggeber vereinbart.

Für Kunden

1. Bereits in den ersten Schritten zur Konzeption eines Beratungsprojekts sollten die wesentlichen Elemente der Consulting Governance „mitgedacht" werden.
2. Es liegt auch in der Verantwortung der Berater, Kunden bei der konkreten Anwendung von Consulting Governance zu beraten. Die entsprechenden Vereinbarungen sollten in einem konstruktiven Dialog erarbeitet werden und zeigen noch vor dem eigentlichen Projektbeginn, ob ein gemeinsames Verständnis vorliegt.

3. Bei der Umsetzung der Consulting Governance fließen unternehmensweite Richtlinien und Wertesysteme in die jeweiligen Projekte ein.

4. Bestimmungen zur Consulting Governance können sich im Projektverlauf ändern. Dadurch muss einerseits auf geänderte Rahmenbedingungen reagiert werden, anderseits können Lernprozesse bereits im Projektverlauf berücksichtigt werden.

5. Zur Umsetzung der Consulting Governance können aus Sicht des Auftraggebers zu den einzelnen Elementen grundsätzliche Vorgangsweisen und Methoden erarbeitet werden. Die projektspezifischen Anpassungen werden dann mit dem Berater vereinbart.

6

Chancen und Risiken der Consulting Governance

Zusammenfassung Die Implementierung einer Consulting Governance führt zu einer höheren Erfolgsquote in Beratungsprojekten. Die Klarheit des Prozesses, die Definition von Strukturen und die Orientierung an Regeln verbunden mit Vereinbarungen zum Umgang mit Risiken bewirken eine weitgehend effektive und effiziente Projektabwicklung. Das zusätzliche zeitliche Investment in der Vorbereitung rechnet sich sowohl in der friktionslosen Durchführung des Projekts als auch in der Erreichung der angestrebten Ziele. Das professionelle Zusammenarbeiten der beiden Parteien wirkt sich sowohl in einem höheren Vertrauen als auch in einer reibungsloseren Kollaboration mit klar definierten Rollen positiv aus. Die Gefahren einer vermeintlichen Bürokratisierung lassen sich gut mit skalierbaren Formen der Consulting Governance vermeiden. Der erstmalige Aufwand rechnet sich sehr schnell, das Reglement der Consulting Governance wandelt sich rasch zu einer Routineaufgabe, die einen guten Verlauf einer nichtroutinehaften Zusammenarbeit eröffnet. Die Consulting Governance reduziert jedenfalls die allen Beratungsprojekten inhärenten Projektrisiken.

R. Bodenstein, J. Herget, *Consulting Governance*, Beratung im Fokus,
https://doi.org/10.1007/978-3-662-65299-2_6

Consulting Governance ist ein relativ neues Instrument – und damit ist es zunächst begründungspflichtig, warum es eine Bereicherung für das Management von Beratungsprojekten darstellen soll. Denn bisher hat die Beratungspraxis ja durchaus erfolgreich auch ohne ein explizites Konzept der Consulting Governance funktioniert.

Wir haben die Bedeutung einer „formalisierten" Consulting Governance – die freilich alle Flexibilitäten bereithält – bereits thematisiert. Hier sollen nun vor allem die Chancen für Berater und Kunden hervorgehoben werden, aber auch sich möglicherweise ergebende Risiken der Anwendung angesprochen werden. Jede Consulting Governance kann nur so gut sein, wie sie verwendet wird. Allein für sich genommen leistet sie zunächst nur wenig, erst das aktive Vereinbaren der beiden Parteien und die Inbetriebsetzung in laufende Consultingprojekte lässt ihr Potenzial voll zur Anwendung kommen. Das soll das Thema dieses Kapitels sein.

6.1 Consulting Governance verbessert den Beratungserfolg

Projekte sind aufgrund der Einmaligkeit der Situation und fehlender Routine immer mit höheren Risiken verbunden. Ebenso fehlen häufig Erfahrungswerte in der Methodik, im Vorgehen und vor allem auch in der Zusammenarbeit in der jeweiligen Beratungskonstellation. Viele der zum Scheitern von Projekten führende Faktoren lassen sich durch eine gute Consulting Governance entschärfen und häufig ganz vermeiden. Darin besteht wohl auch die Hauptmotivation, eine Consulting Governance in Beratungsprojekten verbindlich zu regeln. Sie umfasst eine Sammlung von „Lessons Learned" aus einer Vielzahl von Projekten und daraus abgeleiteten Erfahrungen, die als eine Empfehlungsrichtschnur für das erfolgreiche Bewältigen von Beratungsprojekten verstanden werden sollten.

Das Aufgleisen von Projekten auf einem breiten und vielfältigen Fächer umfassender Erfahrungen zum Managen von Beratungsprojekten, die sich in der Consulting Governance manifestieren, erhöht generell die

Erfolgswahrscheinlichkeit der Projektdurchführung. Bereits das Faktum der systematischen Reduzierung von Projektrisiken durch eine antizipative Vorwegnahme geeigneter Regelungsmechanismen steigert die Qualität der Beratungszusammenarbeit.

Eine bloße Verabschiedung der Consulting Governance reicht natürlich hierzu nicht aus, es geht vor allem darum, diese zum Leben im Beratungsprojekt zu erwecken und im Projektgeschehen auch zu leben.

> Eine Consulting Governance vermittelt Sicherheit für die Projektbeteiligten, das Regelwerk schafft einen Rahmen, der ein klares Rollenverständnis und Rollenklarheit ermöglicht. Das wirkt sich auf die Zusammenarbeit in Projekten positiv aus. Fehlerquellen und Missverständnisse im Projekt werden durch antizipative Regelungen reduziert.

Klare Regelungen, die aus der Consulting Governance resultieren, reduzieren unmittelbar die Unsicherheit, die sich aus dem Innovationsgrad von Beratungsprojekten ergeben. Das gilt jedenfalls in dem Ausmaß, in dem die Mechanismen zur Erreichung der Projektziele gut geregelt sind und den Erwartungen der Projektpartner entsprechen.

6.2 Consulting Governance schafft Vertrauen und Verbindlichkeit

Consulting Governance ist zunächst das Produkt einer umfassenden internationalen Zusammenarbeit, die zu einer Best Practice im Management von Beratungsprojekten geführt hat. Das stellt natürlich noch keinen Garanten für eine besondere Wirkmächtigkeit dar, sollte jedoch eine höhere Kredibilität genießen als zahlreiche unternehmensinterne Vorgaben, die sich diesem kritischen Diskurs nicht stellen mussten. Ein Vertrauensvorschuss sowohl von Beratern als auch Kunden von Beratungsdiensten erscheint folglich durchaus angemessen. Zwar vertritt der ICMCI, der die Leitlinien zur Consulting Governance entwickelt hat, vor allem die Interessen der Beratungsbranche, dennoch werden in den dortigen Gremien gerade durch die internationale Sichtbarkeit die Verlautbarungen einem besonders strengen Qualitätssicherungsverfahren unterzogen. Es handelt sich somit um einen ambitioniert objektivierten Ansatz, der intensiv mit den Repräsentanten der unterschiedlichsten Stakeholder diskutiert wurde. Im Rahmen der Entwicklung der Consulting Governance sind folglich durchaus die verschiedensten Erfahrungen eingeflossen, die einen einzigartigen Wissenspool darstellen. Dieser steht nun den einzelnen Kunden und Beratern zur Verfügung – und verdient einen gewissen Vertrauensbonus.

Die Vereinbarung einer Consulting Governance bleibt selbstverständlich ein freiwilliger Akt. Die beteiligten Partner bringen darin ihre Willenserklärung zum Ausdruck, vereinbarte Maßnahmen und Regelungen im Beratungsprojekt zu befolgen, die sich in der bisherigen Beratungspraxis als sinnvoll und hilfreich erwiesen haben. Der Inhalt dieser Regelungen umfasst einen hohen Standard, der sich in der generellen Projektzusammenarbeit etabliert hat und der auf Best Practices der Branche basiert. Dies verhilft der Consulting Governance zu einer hohen Akzeptanz, die allen Stakeholdern gerecht werden möchte. Darin spiegelt sich folglich keine einseitige Entwicklung wider, obwohl die Entwicklung unter der Ägide des ICMCI erfolgte. Eine freiwillige Verpflichtung der beteiligten Partner, der Consulting Governance folgen zu wollen, entspricht also auch dem State of the Art der Beratungspraxis.

Natürlich werden konkrete situative Gegebenheiten und Rahmenbedingungen dazu führen, diese sinnvoll zu adaptieren und dem zugrunde liegenden Projekt anzupassen. Das sollte selbstverständlich in der Vereinbarung stets thematisiert werden und auch erfolgen. Eine der überzeugenden Stärken der Consulting Governance liegt in der systematischen Bereitstellung eines Instrumentariums der zu regelnden Bereiche, sodass der Weg vom Zufälligen zu einem systematischen Herangehen ermöglicht wird – und das ist schließlich auch der Weg der Professionalisierung. Er macht das Neuerfinden von bewährten Praktiken überflüssig. Dies führt schließlich dazu, dass den beteiligten Partnern eine kognitive Sicherheit vermittelt wird, das für ein Beratungsprojekt Relevante in einem Regelungsbereich vereinbart zu haben, um eine höchstmögliche Qualität im Beratungsprojekt zu gewährleisten.

Durch die umfassend abgesicherte und auf internationalen Best Practices beruhende Erarbeitung von Leitlinien zur Consulting Governance wird ein hoher Standard etabliert. Auf der Grundlage dieser hohen Qualitätskriterien in der Beratungszusammenarbeit lassen sich konkrete Beratungsprojekte aus der Managementperspektive vereinbaren. Die Consulting Governance als anerkanntes Regelwerk vermittelt den Beratungspartnern ein hohes Vertrauen. Durch die freiwillige Vereinbarung sichert sie zudem eine hohe Verbindlichkeit in der Beratungszusammenarbeit.

6.3   Consulting Governance als Qualifizierungs- und Professionalisierungsinstrument

Die Consulting Governance kann als eine Sammlung von wertvollem Know-how betrachtet werden, das im Rahmen von Beratungsprojekten international als wichtig für das Management von Beratungsprojekten anerkannt wurde. Durch die weiter zunehmende Popularisierung der Consulting Governance kann davon ausgegangen werden, dass diese in zahlreiche Weiterbildungsaktivitäten aufgenommen werden wird. Die Inhalte der Consulting Governance können somit als ein zusätzlicher Baustein im Curriculum zur Methodik der Beratung begriffen werden, das zur Steigerung der Kompetenzen der Unternehmensberater führen soll. Gleichzeitig bleibt zu hoffen, dass die Inhalte ebenso Eingang finden werden in den um Beratung ansuchenden Unternehmen selbst, damit deren Zusammenarbeit mit externen Beratern weiter professionalisiert werden kann. Dazu soll schließlich auch dieses Buch einen wesentlichen Beitrag leisten.

Junge Professionen – und darum handelt es sich bei der Unternehmensberatung (oder dem Training, Coaching, der Mediation etc.) – müssen den Kanon der für ein Berufsbild notwendigen Fachkenntnisse und -fähigkeiten systematisch weiterentwickeln. Das Wissen um die Consulting Governance, der souveräne Umgang mit den unterschiedlichen Frameworks zur Entwicklung eines eigenen, geeigneten Managementinstruments gehört sicherlich dazu.

Weiterhin bleibt zu hoffen, dass die Consulting Governance ebenso auf der Nachfrageseite zunehmend als ein weiterer Kompetenzbaustein berücksichtigt wird. Beschaffungsabteilungen oder Buying Center in Unternehmen können jedenfalls Elementen dieser Consulting Governance in den ersten Phasen der Konzeption, Ausschreibung und Auswahl im Rahmen von Beratungsprojekten einige wertvolle Hinweise entnehmen.

> Elemente der Consulting Governance werden als Bestandteil von Zertifizierungen zum anerkannten Kanon der notwendigen Kompetenzen zur Durchführung von Beratungsprojekten angesehen werden. Sie bilden einen Teil der Methodik im Beratungsgeschäft und repräsentieren den „Body of Knowledge", der im Rahmen von erfolgreichen Beratungsprojekten zum Einsatz kommen sollte. Damit geht eine signifikante Fortentwicklung der Profession einher. Inhalte der Consulting Governance qualifizieren Berater und Kunden gleichermaßen.

Consulting Governance ermöglicht vor allem ein transparentes Management und die Durchführung auch von sehr komplexen Beratungsprojekten und sie schafft belastbare und verlässliche Mechanismen in der Projektabwicklung. Durch die antizipativen Regelungen möglicher auftretender Konfliktfelder, wird der Interpretationsspielraum in der Beratungszusammenarbeit beschränkt und eine effizientere Kollaboration sichergestellt. Die Etablierung einer Consulting Governance ist ein Zeichen der zunehmenden Professionalisierung der Beratungsbranche.

6.4 Gefahren der Bürokratisierung durch Consulting Governance vermeiden

Vielfach dürfte die Consulting Governance allerdings auf nicht zu unterschätzende Vorbehalte stoßen. Sie wird unter Umständen dahingehend missverstanden, dass sie einen zusätzlichen Aufwand nach sich ziehen würde. Damit dürften Befürchtungen einhergehen, dass sie zu einer stärkeren Bürokratisierung des Beratungsprozesses führen wird. Der Zweck der Consulting Governance liegt aber genau im gegenteiligen Ansinnen. Durch sie soll vielmehr der strategische Aufwand in der Beratungszusammenarbeit reduziert werden. Diese Botschaft gilt es immer wieder herauszustellen und auch so zu kommunizieren. Damit dürfte die Akzeptanz der Consulting Governance wesentlich erhöht werden.

Natürlich ist zunächst einmal der Einwand durchaus berechtigt, die Consulting Governance stellte ein neues, ergänzendes Regelwerk dar, das zusätzliche Ressourcen bindet. Dem ist es so und das ist auch nicht ganz von der Hand zu weisen. Ebenso mag vorgebracht werden, bisher sei es doch auch ohne eine explizite Consulting Governance gegangen. Beide Argumente stimmen vordergründig einmal in einer allerdings nur kurzfristigen Betrachtung.

Die Consulting Governance stellt jedenfalls nicht etwas grundsätzlich Neues dar, das Neue aber ist die Systematik und die klare Vorgehensweise in ihren Inhalten und der Kopplung zu den einzelnen Phasen der Beratungszusammenarbeit. Das bislang eher Ungeregelte oder willkürlich in verschiedenen Formaten Geregelte erfährt nun eine neue Qualität. Das Bestechende liegt in dieser hohen Systematik und Transparenz, die ihr innewohnt.

Vielerorts werden die meisten Inhalte sicherlich ohnehin vereinbart, ob mündlich oder schriftlich, aber hier wird ein inkludierender Ansatz vorgestellt, der sich sehr gut in die Beratungszusammenarbeit integrieren lässt. Consulting Governance stellt eine Art umfassende systematische Checkliste dar, die den Projektalltag erleichtern soll – die aber darüber hinaus eingebaute Logiken aufweist, die den Beratungserfolg wesentlich erhöhen können.

Nicht zu unterschätzen ist auch die damit einhergehende Explikation des „psychologischen Vertrags", die bisher stillschweigende, mehr oder weniger artikulierte, angenommene gegenseitige Erwartungen in einen einheitlichen Interpretationsspielraum bringt. Das schafft Transparenz, Verlässlichkeit und Verbindlichkeit – und verhindert dadurch umfangreiche Regelungsnotwendigkeiten, die eben dann entstehen, wenn deren Vorkommen nicht antizipiert wurde.

> Die Entwicklung von Consulting Governance stellt keinen Selbstzweck dar. Sie reflektiert die bisherige Praxis und versucht durch antizipative Regelungen eine Reduzierung des mit einer Beratungszusammenarbeit einhergehenden Aufwandes zu erreichen. Das Ziel liegt in einer Vereinfachung durch klare Regelung.

Bei der Arbeit mit der Consulting Governance sollte allerdings nicht vergessen werden, dass es sich um ein „Living Document" handelt, das auch einem Wandel unterworfen ist und fortgeschrieben werden sollte. Man setzt auf bisherigem Stand auf und entwickelt diesen weiter, damit dieser stets die aktuellen Anforderungen erfüllt – sowohl für den Berater als auch das sie einsetzende Unternehmen.

Zum Abschluss dieses Kapitels sollte noch einmal betont werden, dass die Consulting Governance eine internationale Best Practice abbildet. Das Ziel der Kreation der Consulting Governance liegt vor allem auch darin, eine Lernerfahrung für die Beteiligten abzukürzen. Die Entwicklung und Verwendung der Consulting Governance verhindert eben den umständlichen, aufwendigen, konfliktträchtigen und letztlich teuren Ansatz des Sammelns von eigenen Erfahrungen. „Aus Schaden wird man klug" muss hier kein guter Ratgeber sein. Auch der Umstand, dass die Consulting Governance international einsetzbar ist, dürfte einen weiteren Pluspunkt für die Verwendung darstellen.

Die Anlehnung an anerkannte Standards und Praktiken führt ebenso dazu, zu einer nicht mehr hinterfragten Selbstverständlichkeit zu avancieren und somit eine kognitive Unsicherheit zu vermeiden, die bei neu zu regelnden Sachverhalten auftreten kann. Dies verhindert dadurch induzierte, mögliche überflüssige Absicherungsregelungen und somit unnötigen Bürokratisierungsaufwand in der Projektorganisation, der mit einer Beratung einhergeht.

Jedenfalls verhilft ein „Growth Mindset"[1] im Unternehmen dazu, die Consulting Governance als Teilhabe an einer internationalen Entwicklung zu betrachten. Diese fördert die Konzipierung einer individuell

---

[1] Vergleiche hierzu etwa Dweck (2017) und Herget (2021).

angepassten Consulting Governance, die aus dieser internationalen Zusammenarbeit resultiert.

> Die Entwicklung einer individuellen Consulting Governance basierend auf
> dem hier vorgestellten Konzept sichert die Teilhabe an internationalen Best
> Practices. Damit wird der eigene Entwicklungsaufwand reduziert, es kann
> auf etablierten und bewährten Strukturen und Konzepten aufgesetzt
> werden.

So verstanden, reduziert die Consulting Governance vielmehr einen
bürokratischen Aufwand im Management und der Abwicklung von Beratungsprojekten.

6.5   Key Points

Für Berater

1. Die Consulting Governance ermöglicht die Teilnahme an internationalen Best Practices. Dabei sollten die Empfehlungen nicht un-
   hinterfragt kopiert werden, sondern stets den eigenen Bedürfnissen
   angepasst und fortentwickelt werden. Der Beratungserfolg steigt
   durch die Anwendung einer geeigneten Consulting Governance.
2. Consulting Governance vermittelt dem Kunden gegenüber Vertrauen,
   bietet den beteiligten Beratern aber auch eine Sicherheit durch eine
   gute methodische Grundlage der Beratungszusammenarbeit.
3. Die Verbindlichkeit einer Consulting Governance schafft ein
   Commitment im Projekt und legt dadurch die Grundlage für eine
   gute Koordination im Projekt.
4. Eine adaptierte Consulting Governance reduziert wesentlich den
   Aufwand, zu guten Regelungen in der Beratungszusammenarbeit zu
   kommen – die Consulting Governance repräsentiert diese bereits.
5. Die Befolgung der Consulting Governance, die an die internationale
   Norm ISO 20700 angelehnt ist, orientiert sich am State of the Art
   und reduziert mögliche kognitive Dissonanzen beim Kunden.

Für Kunden

1. Gerade weil die Nutzung externer Berater nicht zur Routine bei vielen Unternehmen gehört, sichert die Verwendung einer angepassten Consulting Governance eine auf internationalen Best Practices gegründete Basis für erfolgreiche Beratungsprozesse.
2. Eine Consulting Governance regelt die notwendige Transparenz in der Beratungszusammenarbeit und stellt eine sehr gute Grundlage für eine vertrauensvolle Zusammenarbeit dar.
3. Der Beratungsaufwand reduziert sich durch die Verwendung einer adaptierten Consulting Governance wesentlich, sie ist ein Mittel zum Abbau von unnötigen Regelungen und sie adressiert Regelungsbereiche, die möglicherweise unterbleiben würden, später aber zum erhöhten Aufwand führen könnten.
4. Verlassen Sie sich nicht auf die Consulting Governance, die der Berater (hoffentlich) unterbreitet, entwickeln Sie eine eigene, die als Blaupause für das ganze Unternehmen für die Zusammenarbeit mit externen Beratern dienen kann. Sie regelt und unterstützt bereits die ersten Phasen zur Identifizierung des Beratungsbedarfs über die Ausschreibung bis hin zur Beraterauswahl, die notwendigen Schritte im Unternehmen.

Literatur

Dweck, C. (2017). *Mindset. Changing the way you think to fulfil your potential.* Robinson.
Herget, J. (2021). *Culture Hacks strategisch einsetzen. Mit gezielter Irritation zur gewünschten Unternehmenskultur.* Springer Gabler.

7

Zukunftsperspektiven – Consulting Governance bleibt im Fokus

Zusammenfassung Consulting Governance ist ein relativ neues Konzept, das seit etwa 20 Jahren in der Beratungspraxis diskutiert wird. Es knüpft an vorherrschende Desiderate in Beratungsprozessen an und liefert ein erprobtes Instrument, mit dem nachhaltig erfolgreiche Beratungsprojekte gelingen können. Der internationale Dachverband der Beratungsunternehmen ICMCI hat diesem Aspekt eine enorme Bedeutung zugemessen und propagiert die Consulting Governance als ein wichtiges Instrument zur Qualitätssteigerung für die Beratungsbranche. Diese wachsende internationale Aufmerksamkeit wird dazu führen, dass die Consulting Governance auch zunehmend in der breiten Beratungspraxis Eingang finden wird. Dieses Buch stellt einen weiteren Schritt dar, dieses Konzept so aufzubereiten, dass es sowohl den Beratern als auch Kunden unmittelbar hilft, es in die tägliche Praxis zu übertragen und einzusetzen.

Consulting Governance ist gerade erst auf dem Wege, ein etabliertes Instrument in der Beratungspraxis zu werden. Das heißt jedoch nicht, dass bisher ohne Elemente einer Consulting Governance gearbeitet würde. Sie

© Der/die Autor(en), exklusiv lizenziert an Springer-Verlag GmbH, DE, ein Teil von **137** Springer Nature 2022
R. Bodenstein, J. Herget, *Consulting Governance*, Beratung im Fokus, https://doi.org/10.1007/978-3-662-65299-2_7

werden nur anders bezeichnet. Jedes Beratung nachfragende Unternehmen schließt mit einem Beratungsunternehmen einen Vertrag und gegebenenfalls einigt man sich auf (zusätzliche) Vereinbarungen zum Ablauf des Projekts. Darin wird die Zusammenarbeit skizziert mit relevanten Aspekten zur Projektsteuerung, die über die Ausschreibung hinausgehen. Die Praxis zeigt jedoch oftmals noch ein unzulängliches Bild, die Vereinbarungen sind bruchstückhaft und lassen wichtige Elemente offen. Viele der als wichtig erachteten Regelungspunkte mögen zwar besprochen, angedacht oder auch bereits teils fixiert sein. Häufig ist man jedoch noch weit entfernt von einer umfassenden, kohäsiven und kohärenten gemeinsamen Vereinbarung, diese gehört noch nicht zum Alltag in der Beratungspraxis. Dieses zu ändern ist das Anliegen dieses Buches. Wir geben hier nun einen Ausblick auf die weitere Entwicklung der Consulting Governance und wie sie sich nach unserer Meinung zukünftig entwickeln wird.

7.1   Die Norm ISO 20700 steht für gute Beratungspraxis

Die internationale Norm ISO 20700 wurde 2017 verabschiedet und eingeführt (Bodenstein, 2022). Der Vorläufer dieser Norm, die EN 16114, wurde bereits 2011 veröffentlicht (Ennsfellner et al., 2014). Wir können also bereits auf eine gute Dekade zurückblicken und aus dem Blick in die Vergangenheit die weitere Entwicklung abzuschätzen versuchen. Diese Normen haben erstmalig international vereinbarte Qualitätsstandards für die Beratungspraxis formuliert, die sich langsam den Weg in die Beratungspraxis ebnen. Dabei stellt die ISO 20700 auch einen Geburtshelfer für die Consulting Governance dar. Denn der Bedarf nach einer Operationalisierung dieser Norm für den Alltag der Beratungspraxis wurde evident. Die Leitlinien zur Consulting Governance (siehe Kap. 1) waren der Beginn, die hier formulierte Consulting Governance sind ein weiterer Entwicklungsschritt auf dem Weg in die tägliche Beratungspraxis.

Der Bundesverband Deutscher Unternehmensberater (BDU) hat erst für das Jahr 2019 die zunehmende Bedeutung der ISO 20700 in seinen

Trends zur Beratungspraxis verkündet. Auch wenn die bisherige Durchdringung der ISO-Norm und ihrer Vorgängerin, der EN 16114, noch sehr steigerungsfähig ist (Herget et al., 2013), der Zug der Zeit deutet eine Weiterverbreitung und zunehmende Berücksichtigung in der Praxis an. Vor allem nichtversierten Nutzern von Beratungsdiensten und in der Kooperation mit Beratungsunternehmen noch weniger erfahrenen Unternehmen verleiht das Vorgehen nach der Norm eine gewisse Sicherheit, impliziert sie doch das Befolgen eines anerkannten Standes des aktuellen Wissens. Für erfahrene Nutzer stellt sie bereits jetzt ein unverzichtbares Element erfolgreicher Beratungsprojekte dar.

Ist die Consulting Governance Bestandteil der Norm ISO 20700?
Die hier entwickelte Consulting Governance ist kein Bestandteil der Norm ISO 20700, das muss deutlich festgehalten werden. Genauso richtig ist es aber auch, dass sie sich sehr stark an die Struktur und die Inhalte der ISO 20700 anlehnt. Es kann daher ohne Weiteres festgehalten werden, dass die Consulting Governance sich aus der ISO-Norm heraus begründet und diese sehr stark auf die Operationalisierung der Norm für den Beratungsprozess fokussiert. Die Consulting Governance ist vor allem innerhalb der ICMCI entstanden und in ihr finden sich die Erfahrungen von vielen nationalen Verbänden wieder. Wir können daher davon sprechen, dass die Consulting Governance neben der Norm ISO 20700 ein zusätzliches Instrument ist, um Beratungsprojekte zu initiieren, durchzuführen und zu einem erfolgreichen Ende zu führen.

7.2 Consulting Governance als Best Practice

Der internationale Dachverband der Beratungsverbände ICMCI strebt in seinen Aktivitäten eine zunehmende Professionalisierung der Beratungsbranche an. In seinen Empfehlungen kommt den Leitlinien zur Consulting Governance aktuell eine sehr hohe Bedeutung zu. Insofern ist die Umsetzung dieser Leitlinie in ein konkretes Arbeitswerkzeug eine zusätzliche, für die Praxis relevante Hilfestellung. In diesen Leitlinien – und somit auch in der Consulting Governance – sind zentrale Überlegungen zu bewährten Konzepten und Praktiken enthalten. Der Prozess zur Etablierung von Best Practices kann vor allem nur so international erfolgen: Die Mitgliedsverbände bringen sich in den internationalen Diskurs ein, formulieren ihre Anliegen und schließlich beschließen die Ausschüsse des internationalen Dachverbandes eine von allen akzeptierte Vorlage. Dieser Prozess dauert zwar einige Zeit, es wird aber sichergestellt, dass die unterschiedlichsten Perspektiven integriert werden.

Selbstverständlich können einzelne Beratungsunternehmen und Berater viel schneller agieren und eine eigene Consulting Governance entwickeln. Das passierte bereits in der Vergangenheit und wird auch in der Zukunft weiter geschehen. Wir verstehen auch dieses Buch hier als eine Blaupause, die für individuelle Entwicklung einer Consulting Governance dienen kann, wie an mehreren Stellen auch betont wurde. Der Verweis auf eine Referenz wie den ICMCI verleiht diesem Arbeitsinstrument allerdings eine hohe Seriosität und schafft dadurch auch großes Vertrauen, dieser Kredit sollte nicht vergessen werden.

Welchen Beitrag zur Professionalisierung wird sie leisten?
In der Consulting Governance wird ein umfassendes Know-how in ein praktisches Arbeitsinstrument gegossen. Eine professionelle Tätigkeit zeichnet sich vor allem auch durch den Gebrauch von validen und geprüften Methoden, Werkzeugen und Instrumenten aus, die einen hohen Standard repräsentieren und eine möglichst optimale Leistungserbringung gewährleisten. Das ist hier der Fall. Bedenkt man, dass in die Consulting Governance mehrjährige Erfahrungen aus Tausenden von Projekten eingeflossen sind, die in zahlreichen Diskussionen in internationalen Gremien auf ihre Praxistauglichkeit überprüft wurden, wird ihr wesentlicher Beitrag zu einer höheren Professionalisierung deutlich. Diese dokumentiert sich bei allen beteiligten Partnern in Beratungsprozessen. Einerseits haben die Berater ein taugliches Instrument zur gegenseitigen Vereinbarung in der Hand, aber vor allem auch Kunden profitieren sehr von einem klar geregelten Ablauf in Beratungsprojekten. In der Consulting Governance finden sich erprobte Vorgehensweisen, deren Ziel die möglichst hohe Sicherheit der Erbringung einer qualitativ hochstehenden Beratungsleistung steht.

7.3   Zukünftige Aktivitäten werden zur Popularisierung der Consulting Governance beitragen

Die Sichtbarkeit und die Etablierung der Consulting Governance in der täglichen Beratungspraxis steht erst am Anfang. Die Berücksichtigung dieser in den verschiedenen Zertifizierungsprogrammen wird zu ihrer weiteren Verbreitung wesentlich beitragen. Vor allem liegt es jedoch an den nationalen Beratungsverbänden, dieses Konzept in der Praxis für Unternehmen und Berater populärer zu machen.

Auch Verbände von Kunden von Beratungsunternehmen werden wohl künftig ebenso auf die Bedeutung von Consulting Governance hinweisen und so wird dieses Wissen auch in die Sphären der Kunden verstärkt Einzug halten. Hier erhalten auch die Wirtschaftskammern eine wichtige Funktion zur Verbreitung dieser Aktivitäten. Denn die Nachfrage nach Beratungsleistungen steigt seit Jahrzehnten ununterbrochen und der Standard einer hohen Qualität in der Leistungserbringung ist im Sinne aller Wirtschaftstreibenden.

Wer sind die Treiber von Consulting Governance?
Die gegenwärtigen Treiber sind auf jeden Fall die jeweiligen Berufsverbände. Je stärker die Berufsverbände in den einzelnen Ländern mit der Beratungsbranche verflochten sind, umso stärker ist die Bekanntheit und die Anwendung von Consulting Governance zu erwarten. Es kann ebenso davon ausgegangen werden, dass die Consulting Governance künftig in verschiedene Zertifizierungsprogramme aufgenommen werden wird, so dass die meisten Berater diese dadurch kennen lernen werden und im Rahmen von Weiterbildungsmaßnahmen auch von ihrem Nutzen überzeugt werden können. Wie bereits vorher schon angesprochen, gehen wir davon aus, dass auch durch die weite Verbreitung in formalen Ausschreibungsverfahren, bei denen das Befolgen einer vereinbarten Consulting Governance gefordert wird, ebenso zu deren Verbreitung beitragen wird. Und nicht zuletzt wird durch Publikationen, wie die vorliegende, der Bekanntheitsgrad und Nutzen von Consulting Governance wesentlich erhöht. Instrumente, die unmittelbar einen hohen Nutzen vermitteln, werden sich jedenfalls rasch in der Praxis etablieren.

Wo wird sich die Consulting Governance durchsetzen?

Es kann davon ausgegangen werden, dass die Consulting Governance vor allem bei Projekten zum Einsatz kommen wird, deren Partner bereits jetzt sehr professionell in der Durchführung der Projekte und im Einkauf von Beratungsleistungen agieren. Anzunehmen ist auch, dass öffentliche Stellen, die Beratungsleistungen beziehen und dabei einem sehr formalen Prozess unterliegen, zu den frühen Anwendern von Consulting Governance werden. Dies liegt vor allem begründet in den zahlreichen Vorgaben, wie etwa dass die Beratungsunternehmen zertifiziert sein müssen oder sich an bestimmte Normen in ihrem Beratungsprozess zu orientieren haben. Zu den Vorgaben kann künftig auch gehören, dass diese sich an eine etablierte Consulting Governance zu halten haben werden. Eine ähnliche Entwicklung ist auch bei großen Unternehmen denkbar, die gewisse Anforderungen an externe Beratungsprojekte formulieren und deren Einhaltung auch erwartet werden kann.

7.4   Das Potenzial der Consulting Governance

Consulting Governance ist vom Begriff her noch ein relativ neues Konzept. Wenn es sich jedoch zeigt, dass die Anwendung und Nutzung von formalisierten Konzepten der Consulting Governance zu einem großen Vorteil in der täglichen Praxis führen kann, dann sind wir sehr zuversichtlich, dass sich die Consulting Governance als Konzept in der Praxis weit verbreiten wird. Die bisherigen Erfahrungen stimmen jedenfalls sehr positiv. Durch das vordefinierte Konzept der Consulting Governance ersparen sich die Unternehmen zum einen viel Zeit, sie profitieren von den Erfahrungen anderer und sie bauen ihr Konzept auf ein erprobtes und fundiertes Wissen auf. Dieses hat sich international bewährt, denn sie folgt in weiten Teilen dem ISO-Standard 20700 und wird daher zukünftig mehr und mehr als ein integraler Bestandteil von Beratungsprojekten betrachtet. Sowohl die Kunden als auch die Berater werden unmittelbar die Vorteile zu schätzen wissen.

Welche Verbindlichkeit wird sie entfalten?

Wie bereits ausgeführt, stellt die hier skizzierte Consulting Governance keinen Bestandteil der Norm ISO 20700 dar. Sie kann allerdings als ein unterstützendes Hilfsmittel begriffen werden. Eine Norm stellt generell eine aktuell gültige Darstellung des State of the Art dar. Das bedeutet, dass im Streitfalle immer betrachtet wird, ob sich die beteiligten Parteien an den aktuellen Stand des Wissens gehalten haben. Aus dieser Perspektive heraus wird die Consulting Governance eine durchaus nicht zu unterschätzende Wirkung entfalten können, die auch über den rechtlichen Bereich hinausgehen wird.

In der hier entwickelten Consulting Governance haben wir uns in den wesentlichen Zügen an dieser ISO-Norm orientiert, so gehen wir davon aus, dass diese Consulting Governance im Gefolge dieser Norm ebenso eine breit akzeptierte Aufnahme in der Praxis erhalten wird. Das ist sicherlich nicht gleichzusetzen mit einem begründeten State of the Art, wie bei einer Norm, aber sie kann hinzugezogen werden, wenn es Rechtsunsicherheiten gibt bezüglich dessen, wie ein Consultingprojekt nach dem derzeitigen Stand des Wissens absolviert werden sollte. Von daher gehen wir davon aus, dass die Norm, flankiert durch eine entsprechende Consulting Governance, eine starke Verbindlichkeit in der Zukunft entfalten wird.

Welchen Beitrag zur Qualitätssicherung wird sie bringen?

Wenn wir unter Qualität vor allem die Erfüllung gegenseitiger Erwartungen in Beratungsprozessen verstehen, wird deutlich, dass die Consulting Governance einen erheblichen Beitrag zur Qualitätssicherung leisten kann. Sie macht vor allem die Erwartungen transparent und ihr zugrunde liegt eine Übereinstimmung über das Vorgehen, Informations- und Kommunikationswege, über Entscheidungsmechanismen und über Regelungen im Falle auftretender Konflikte.

Wenn die Consulting Governance zur Grundlage des gemeinsamen Handelns vereinbart wird, kann man jedenfalls davon ausgehen, dass die Qualität von Beratungsprojekten erheblich gesteigert werden kann. Der

Anteil der potenziellen Stolpersteine in Projekten sollte dadurch reduziert werden und bei guter Praxis und guten Erfahrungen werden die Reibungsverluste in Projekten, die zumeist auch eine Einbuße an Qualität zur Folge haben, wesentlich abnehmen. Dazu trägt die Consulting Governance wesentlich bei – sie bestimmt Standards zur gemeinsamen Leistungserbringung in Beratungsprojekten.

> Die Consulting Governance steht erst am Beginn ihrer Verbreitung. Sie wird zukünftig in den Beratungsprojekten eine zunehmend wichtigere Rolle einnehmen. Ihr Potenzial zur Steigerung der Beratungsqualität nützt der gesamten Wirtschaft.

7.5   Key Points

Für Berater

1. Internationalen Normen und Empfehlungen wird in künftigen Beratungsprojekten eine höhere Bedeutung zugesprochen.
2. Consulting Governance ist eng an die internationale Norm ISO 20700 angelehnt und mit der Popularisierung dieser wird auch die Bedeutung der Consulting Governance zunehmen.
3. Die Referenz auf die internationale Norm verleiht den Beratungsunternehmen eine höhere Seriosität und das Vertrauen von Kunden kann dadurch gestärkt werden. Diese vermuten zu recht, dass das Beratungsunternehmen nach dem aktuellen State of the Art arbeitet und die Empfehlungen von Berufsverbänden berücksichtigt.
4. Jedes Beratungsunternehmen kann durch das eigene aktive Zugehen auf die Kunden und die Betonung der Wichtigkeit von Consulting Governance gleichzeitig zu deren Popularisierung beitragen.

Für Kunden

1. Viele Unternehmen verfügen noch nicht über große Expertise zum Umgang mit Beratungsunternehmen. Die Consulting Governance

gibt eine verlässliche Richtschnur an die Hand, durch die eine hohe Sicherheit vermittelt werden kann.

2. Auch der Ablauf von Beratungsprozessen stellt für viele Unternehmen noch relatives Neuland dar. Hierzu bietet auch die Orientierung an der Consulting Governance das notwendige Know-how, um mögliche Klippen und kritische Situationen souverän bereits vorab antizipieren und planen zu können.

3. Das Befolgen der Consulting Governance sichert einen hohen Standard und führt zu einer höheren Qualität in der Abwicklung von Beratungsprojekten.

4. Der Transaktionsaufwand in Beratungsprozessen wird durch die Verwendung einer etablierten Consulting Governance wesentlich reduziert. Damit wird gleichzeitig auch die Professionalität im Umgang mit den Beratern gefördert.

Literatur

Bodenstein, R. (2022). Die Beratungsnorm ISO 20700. In R. Bodenstein, I. A. Ennsfellner & J. Herget (Hrsg.), *Exzellenz in der Unternehmensberatung. Beratungsprojekte erfolgreich durchführen – Leitlinien für Unternehmen und Berater* (2. Aufl.). Springer Gabler.

Ennsfellner, I., Bodenstein, R., & Herget, J. (2014). *Exzellenz in der Unternehmensberatung. Qualitätsstandards für die Praxis. Inklusive der EN 16114.* Springer Gabler.

Herget, J., Bodenstein, R., & Ennsfellner, I. (2013). *Unternehmensberatung und IT in Österreich. Stand, Erfolgsfaktoren und Zukunftstrends.* Manz.

8

Das sollten Sie mitnehmen – eine Agenda zur Implementierung

Zusammenfassung Consulting Governance bietet in Beratungsprozessen ein Instrument, von dem alle Beteiligten profitieren können. Sie setzt den Rahmen, damit alle Bedingungen erfüllt sind, unter denen ein Projekt erfolgreich absolviert werden kann. Wichtig ist es, dieses Reglement zu einem eigenen Werkzeug weiterzuentwickeln. Es soll die eigenen Bedürfnisse widerspiegeln und dadurch die Erfolgsaussichten von Projekten erhöhen. Wenn dieser Nutzen klar ersichtlich wird, dann wird dieses neue Werkzeug auch gerne eingesetzt werden. Dieses Instrument kann sowohl vom Kunden als auch vom Berater gesondert genutzt werden, was in den meisten Fällen auch Sinn macht, da einige Aspekte nur für einen der Partner wichtig sind. Die große Überlappung von gemeinsamen Interessen sollte jedoch dazu führen, dass der größte Teil der Consulting Governance als ein gemeinsames Reglement verstanden und mit Leben gefüllt wird. Ein Vorschlag in 10 Schritten zur Entwicklung und Implementierung einer eigenen Consulting Governance schließt dieses Buch ab.

R. Bodenstein, J. Herget, *Consulting Governance*, Beratung im Fokus,
https://doi.org/10.1007/978-3-662-65299-2_8

In den zurückliegenden Kapiteln haben wir ausführlich das Konzept der Consulting Governance vorgestellt und ein Vorgehensmodell entwickelt, mit dem jedes Unternehmen und jeder Berater ein eigenes Consulting-Governance-Konzept entwickeln kann. Nun ist es wichtig, dass das Konzept der Consulting Governance auch in die Praxis umgesetzt wird. Neben dem Wissen ist vor allem auch das Wollen, sprich die Motivation hierzu, entscheidend. Zweifelsohne ist die Verwendung einer adäquaten Consulting Governance ein ganz wesentliches Element in Beratungsprojekten. Wir möchten daher Sie – den Leser – sehr ermuntern, das Konzept für sich selbst zu verfeinern und auch unmittelbar in die Praxis umzusetzen. Dazu werden wir im Folgenden ein paar abschließende Hinweise formulieren und eine Agenda in 10 Schritten zur Umsetzung anbieten.

8.1 Consulting Governance für Berater

In der Regel werden Beratungsunternehmen bereits über einige Erfahrungen im Einsatz von Consulting Governance verfügen. Allerdings müssen diese Erfahrungen nicht unter dem Label Consulting Governance abgespeichert sein. Es können durchaus unterschiedliche Namen dafür verwendet worden sein. Insbesondere fallen darunter individuelle, auf Erfahrungen aus bisherigen Projekten entwickelte oder auch von Fachverbänden vorgegebene Checklisten.[1] Auch das hier vorgestellte Konzept kann durchaus als eine Checkliste betrachtet werden. Diese Checkliste ist aber erweitert, indem wir die Phasen von Beratungsprojekten thematisieren, die Strukturen, in denen die einzelnen Schritte in Beratungsprojekten durchgeführt werden können, und vor allem indem wir die Elemente von Consulting Governance adressieren, die vom internationalen Dachverband ICMCI vorgeschlagen wurden. Das Besondere unseres Konzepts liegt darin, dass wir unseren Vorschlag soweit

---

[1] Vergleiche etwa die vom schweizerischen Beratungsverband ASCO herausgegebene Checkliste Projektmanagement: 75 Checks zum Projekterfolg (https://www.handelszeitung.ch/unternehmen/projektmanagement-75-checks-zum-projekterfolg [zugegriffen am 18.01.2022].

detailliert und operationalisiert haben, damit er unmittelbar verwendet und umgesetzt werden kann.

> Das vorgeschlagene Referenzmodell zur Consulting Governance bildet die Grundlage für die unmittelbare Umsetzung in die eigene Praxis.

Durch den – in aller Regel – vorliegenden Erfahrungsvorsprung gegenüber dem Kunden in Management, Durchführung und Administration von Beratungsprojekten wächst dem Berater auch eine besondere Verantwortung zu. Er sollte den Kunden bei dessen Wissensstand um ein sinnvolles Management des Beratungsprojekts abholen und für die Sensibilität für ein gemeinsam entwickeltes Consulting-Governance-Konzept sorgen, damit dieses Konzept von beiden Seiten gewünscht und in der Folge auch in Kollaboration erstellt wird. Damit geht auch einher, dass der Berater dem Kunden für die Phasen des Einsatzes der Consulting Governance Empfehlungen macht, die nur alleine den Kunden betreffen, denn auch das erhöht die Akzeptanz des Projekts und vor allem sichert es die Wahrscheinlichkeit eines erfolgreichen Projektablaufs in signifikanter Weise. Der Berater ist daher in einer doppelten Verantwortungsrolle, einmal für sich selbst möglichst optimale Bedingungen für das Projekt zu ermöglichen, zum zweiten aber auch bei den Kunden selbst dafür zu sorgen, dass sie den größtmöglichen Nutzen aus diesem Projekt ziehen können – dieses kann die Consulting Governance ermöglichen.

8.2 Consulting Governance für Kunden

Für die meisten Kunden dürfte die Consulting Governance ein noch relativ neues Konzept darstellen. Selbstverständlich verwenden diese genauso in Beratungsprojekten unterstützende Hilfsmittel, diese dürften jedoch bei weitem nicht so weitreichend und konzeptionell ausgereift sein, wie das hier vorgestellte Konzept. Durch die Verwendung des Consulting-Governance-Referenzmodells wird jedenfalls ein höherer Professionalisierungsgrad in der Vorbereitung, dem Ablauf und dem Abschluss der Beratungsprojekte Einzug halten. Häufig wird es in der Praxis der Fall sein, dass der Hinweis zur Formulierung und Verwendung einer Consulting Governance vom Berater selbst kommen wird. Denn der Berater verfügt über eine umfangreiche Expertise und Erfahrung, die er zum möglichst effektiven und effizienten Ablauf der Beratungsprojekte einsetzen möchte. Hier ist eine Offenheit seitens des Kunden wichtig, damit der Einsatz der Consulting Governance einem hohen Qualitätsanspruch gerecht werden kann.

> Der Berater sollte den Kunden bei der Entwicklung einer angepassten Consulting Governance unterstützen. Das steigert die Professionalität im Projektablauf und sichert die Qualität im gemeinsamen Beratungsprojekt.

Eine gute Consulting Governance vermittelt dem Kunden zudem eine höhere Sicherheit im Umgang mit externen Beratern und den sich stellenden Herausforderungen. Gerade Unternehmen, die nicht so häufig externe Beratungsdienste in Anspruch nehmen, profitieren im hohen Ausmaß von einer Consulting Governance. Viele der dort adressierten Regelungsbereiche würden oftmals von den Unternehmen selbst gar nicht thematisiert werden. Daher kommt durch die Consulting Governance häufig ein innovatives Instrument in den Organisationsbereich, das auch für interne Projekte genutzt werden kann. Eine gut gemanagte Consulting Governance ermöglicht den Unternehmen daher auch einige Lernerfahrungen, wie komplexe Projekte durchgeführt werden können.

8.3 Consulting Governance für das gemeinsame Projekt

Zumindest in der unmittelbaren Interaktion im Projekt selbst sollte eine gemeinsame Consulting Governance Verwendung finden. Eine gut abgestimmte Consulting Governance reduziert wesentlich mögliche Reibungsverluste und potenzielle Konflikte im Projektverlauf. Ein externes Beratungsprojekt stellt immer für den Ablauf des Tagesgeschäfts in einem Unternehmen einen Störfaktor dar. Die Consulting Governance

schafft dabei die notwendige Transparenz, um allen Beteiligten, aber auch
den „nur" am Rande Betroffenen, die Schnittstellen und Entscheidungs-
punkte in der jeweiligen Projektausführung evident zu machen. Darüber
hinaus regelt sie auch die notwendige Information und Kommunikation
im Projekt selbst. Eine hohe Transparenz im Projekt schafft das für eine
gedeihliche Zusammenarbeit notwendige Vertrauen.

Die Consulting Governance, die die gemeinsamen Aktivitäten betrifft,
sollte nach Möglichkeit von beiden Partnern gemeinsam entwickelt werden. Die hierzu notwendigen Absprachen und Koordinationen klären
bereits im Vorfeld zahlreiche Fragen, die erst später – und evtl. zu spät –
im Projekt selbst auftauchen würden. Die Consulting Governance
nimmt, so kann es auch ausgedrückt werden, geistig den idealtypischen
Verlauf eines Projekts vorweg. Sie klärt dadurch auch wesentlich die jeweiligen Erwartungen an das Projekt. Der sogenannte Psychologische
Vertrag, also unausgesprochene gegenseitige Erwartungen, wird im Rahmen der Consulting Governance ausformuliert und somit thematisiert.
Dadurch verhindert die Consulting Governance viele mögliche Missver-
ständnisse, die im Projekt vorkommen können.

> Die Consulting Governance fixiert und vereinbart die gegenseitigen Er-
> wartungshaltungen, damit wird ein großer Beitrag zur Transparenz und
> Verlässlichkeit im Beratungsprojekt sichergestellt.

8.4 In 10 Schritten zur eigenen Consulting Governance

Im Folgenden stellen wir ein pragmatisches Konzept vor, mit dem unmittelbar das Konzept der Consulting Governance in der eigenen Organisation eingeführt werden kann. Dabei wird ein besonderer Fokus auf
die Akzeptanz der Consulting Governance im eigenen System gelegt. Mit
diesem Fahrplan müsste es den meisten Beratern und Kunden möglich
sein, innerhalb einer kurzen Zeit ein individuelles Konzept zu entwickeln.
Natürlich muss dieses, falls der jeweils andere Partner in Beratungs-

Der Weg zur Entwicklung einer eigenen Consulting Governance

1. Machen Sie eine Bestandsaufnahme

2. Was hat sich davon bewährt?

3. Was hat sich *nicht* bewährt?

4. Was hat bisher in den Vorbereitungen und Vereinbarungen gefehlt?

5. Welche schriftlich oder mündlich vereinbarten Punkte haben sich in der Vergangenheit bewährt?

6. Welche schriftlich oder mündlich vereinbarten Punkte haben bisher gefehlt?

7. Ergänzen Sie hilfreiche Kriterien aus unserem Referenzmodell

8. Entwickeln Sie aus den vorhergehenden Punkten Ihre Consulting Governance

9. Welche weiteren Normen/Zertifizierungen sollen ergänzt werden?

10. Betreiben Sie Marketing mit Ihrer Consulting Governance!

Abb. 8.1 10 Schritte zur Entwicklung einer eigenen Consulting Governance

projekten auch über ein eigenes Konzept verfügen sollte, zusammengeführt werden.

Die 10 Schritte sind mit ihren jeweiligen Inhalten in der Abb. 8.1 abgebildet.

Die einzelnen Schritte lassen sich in folgenden Fragen und Thesen darstellen:

In 10 Schritten zur eigenen Consulting Governance

1. **Machen Sie eine Bestandsaufnahme:**

   - Welche Regelungen der Corporate Governance haben direkten oder indirekten Einfluss auf Consulting Projekte im Unternehmen?
   - Wie kann sichergestellt werden, dass die Corporate Governance in der Consulting Governance umgesetzt wird?
   - Welche Tätigkeiten im Vorfeld einer konkreten Beratung werden derzeit durchgeführt, um ein Beratungsprojekt vorzubereiten? Gibt es hierzu Hilfsmittel wie Prozessanweisungen oder Checklisten?
   - Welche schriftlichen Regelungen werden derzeit mit dem Partner vereinbart?
   - Welche mündlichen Absprachen gibt es, die nicht schriftlich fixiert sind, die jedoch als vereinbart gelten können?

   Halten Sie diese Punkte schriftlich fest!

2. **Was hat sich davon bewährt?**

* Aus vorbereitenden Tätigkeiten und Hilfsmitteln: Was sollte bleiben?
* Aus schriftlicher Vereinbarung: Was sollte bleiben?
* Aus mündlicher Vereinbarung: Was sollte mündlich vereinbart bleiben? Warum? Was könnte besser schriftlich vereinbart werden?

Fertigen Sie eine Liste der Punkte an, die Bestandteil ihrer Consulting Governance werden sollten.

3. **Was hat sich nicht bewährt?**

* Aus vorbereitenden Tätigkeiten und Hilfsmitteln: Was kann weggelassen werden? Warum?
* Aus schriftlicher Vereinbarung: Was kann weggelassen werden? Warum?
* Aus mündlicher Vereinbarung: Was kann weggelassen werden? Warum?

Streichen Sie unnötige Punkte aus der Liste unter 1., die weggelassen werden können. Ergänzen Sie diese Liste mit Punkten, die verbessert werden sollten, um zur Consulting Governance zu gehören.

4. **Was hat bisher in den Vorbereitungen und Vereinbarungen gefehlt?**

* Aus vorbereitenden Tätigkeiten und Hilfsmitteln
* In schriftlichen Vereinbarungen
* In mündlichen Vereinbarungen

Ergänzen Sie die obige Liste mit Punkten, die bisher aus ihrer bisherigen Praxiserfahrung gefehlt haben, aber in einer Consulting Governance berücksichtigt werden sollten.

5. **Was erwarten Sie vom Partner (für Berater = Unternehmen, für Unternehmen = Berater), welche schriftlich oder mündlich vereinbarten Punkte haben sich in der Vergangenheit bewährt?**

Fertigen Sie eine Liste an und fügen diese gegebenenfalls der obigen Liste zu.

6. **Was erwarten Sie vom Partner (für Berater = Unternehmen, für Unternehmen = Berater), welche schriftlich oder mündlich vereinbarten Punkte haben bisher gefehlt?**

Fertigen Sie eine Liste an und fügen diese gegebenenfalls der obigen Liste zu.

7. **Betrachten Sie die Kriterien aus unserem Referenzmodell in Kapitel 4: welche Punkte würden Sie zusätzlich auf Ihre Liste aufnehmen (oder adaptieren)?**

Ergänzen Sie die obige Liste.

8. **Entwickeln Sie aus den vorhergehenden Punkten Ihre Consulting Governance.**
   Differenzieren Sie nach Ihren Bedürfnissen mehrere Varianten: Consulting Governance für

   • komplexe Projekte,
   • mittlere Projekte,

   kleine Projekte.

9. **Welche weiteren Normen berücksichtigen Sie als Bestandteile Ihrer Consulting Governance? Über welche Zertifizierungen verfügen Sie? Welche erwarten Sie von Ihrem Partner?**
   Denken Sie daran: Das Befolgen von Normen oder das Besitzen von Zertifizierungen verleiht

   • Qualitätsversprechen,
   • Vertrauen,
   • Sicherheit,
   • Seriosität.

   Normen und Zertifizierungen reduzieren die Unsicherheit in der Einschätzung des Leistungsversprechens eines Dienstleisters und reduzieren somit die Risiken.

10. **Betreiben Sie Marketing mit Ihrer Consulting Governance!**
    Integrieren Sie diese in Ihre Marketingaussagen: „Wir handeln in Übereinstimmung mit den Leitlinien der ISO 20700 Management Consulting Services." „Wir folgen in unseren Projekten den Empfehlungen des International Council of Management Consulting Institutes zur Consulting Governance."
    Normen, Zertifizierungen und Ihre Consulting Governance verschaffen Ihnen einen Wettbewerbsvorsprung.

Mit diesem Vorgehen gelangen Sie zu ihrer individuellen Consulting Governance, die an die bisherige Praxis andockt und diese weiterführt. Damit wird eine organische Verankerung gewährleistet, die auf weite Akzeptanz stoßen sollte. Ob Beratung nachfragendes Unternehmen oder Berater: Mit dieser Consulting Governance betreten Sie einen höheren Professionalisierungslevel – zu ihrem Vorteil und dem ihres Partners in Beratungsprojekten.

8.5   Key Points

Für Berater

1. Eine gut vorbereitete, auf das jeweilige Projekt adaptierte Consulting Governance gibt dem Beratungsprojekt eine sichere methodische Grundlage.
2. Das Befolgen der Consulting Governance vermittelt auch dem Kunden eine hohe Seriosität und Professionalität des Beraters.
3. Der Berater sollte beim Kunden für die Belange der Consulting Governance werben. In der Regel verfügt der Kunde nicht über die Expertise von zahlreichen Projekten, um die Sinnhaftigkeit und Bedeutung einer guten Consulting Governance für den Projektablauf und das Projektergebnis beurteilen zu können.
4. Der Berater sollte den Kunden auch ermuntern, für die Projektphasen, die ausschließlich in der Verantwortung des Kunden liegen, eine gute Consulting Governance zu formulieren und diese dann auch zu befolgen.
5. Der Berater sollte nach Abschluss eines Projekts die gesammelten „Lessons Learned" in die Fortentwicklung der eigenen Consulting Governance einfließen lassen.

Für Kunden

1. Consulting Governance muss mit der Corporate Governance sowie weiteren unternehmensweiten Richtlinien und Managementsystemen eng abgestimmt sein.

2. Eine gute Vorbereitung eines Projekts mit externen Beratern sichert einen möglichst reibungslosen Ablauf des Beratungsprojekts.

3. Bei wenigen eigenen Erfahrungen sollte durchaus auf den Berater zugegangen werden und seine Expertise zu diesem Thema abgefragt werden. Gute Berater werden ihr Wissen darüber – schon im Eigeninteresse – sehr gerne teilen.

4. Eine gute Consulting Governance strahlt durch ihre vermittelnde Transparenz Vertrauen in der eigenen Organisation aus. Jeder Mitarbeiter sollte wissen, was auf ihn zukommt und wie das Management und der Ablauf des Projekts sein wird.

5. Nach Abschluss des Projekts sollten im Rahmen des Debriefing die eigenen „Lessons Learned" auch bezüglich der Consulting Governance reflektiert werden, um sie in künftige Projekte einfließen zu lassen.

6. Das Unternehmen sollte ganz bewusst diese möglicherweise neue Erfahrung mit einem innovativen Managementinstrument auch für den internen Bereich nutzen. Projektarbeit findet so gut wie in allen Unternehmen auch intern statt. Eine entsprechend adaptierte gute Consulting Governance dürfte auch hier sehr unterstützend und hilfreich sein.

The manufacturer's authorised representative in the EU is Springer
Nature Customer Service Centre GmbH, Europaplatz 3, 69115 Heidelberg,
Germany. If you have any concerns regarding our products, please
contact ProductSafety@springernature.com

Printed and bound by CPI Group (UK) Ltd, Croydon, CR0 4YY
28/04/2026
02098537-0004